나를 위한 여성복 만들기

나카노 유카리 저, 이연심 역

손쉽고 빠르게 만드는

나를 위한 여성복 만들기

Otona Ni Ii Fuku (NV80510)
Copyright ⓒ Yukari Nakano / NIHON VOGUE-SHA 2016
Photographer : Yukari Shirai
First published in Japan in 2016 by Nihon Vogue Co., Ltd.
Korean translation rights arranged with Nihon Vogue Co., Ltd.
Through Shinwon Agency Co.
Korean translation rights ⓒ 2018 by YoungJin.com

저작권법에 의해 한국 내에서 보호를 받는 저작물이므로 무단 전재와 복제를 금합니다.

ISBN : 978-89-314-5688-2

독자님의 의견을 받습니다.
이 책을 구입한 독자님은 영진닷컴의 가장 중요한 비평가이자 조언가입니다. 저희 책의 장점과 문제점이 무엇인지, 어떤 책이 출판되기를 바라는지, 책을 더욱 알차게 꾸밀 수 있는 아이디어가 있으면 팩스나 이메일, 또는 우편으로 연락주시기 바랍니다. 의견을 주실 때에는 책 제목 및 독자님의 성함과 연락처(전화번호나 이메일)를 꼭 남겨 주시기 바랍니다. 독자님의 의견에 대해 바로 답변을 드리고, 또 독자님의 의견을 다음 책에 충분히 반영하도록 늘 노력하겠습니다.

파본이나 잘못된 도서는 구입처에서 교환 및 환불해 드립니다.

이 메 일 : support@youngjin.com
주   소 : (우)08505
          서울시 금천구 가산디지털2로 123 월드메르디앙벤처센터 2차 10층 1016호 (주) 영진닷컴 기획1팀

STAFF
저자 나카노 유카리 | **번역** 이연심 | **총괄** 김태경 | **기획** 정소현, 최윤정 | **디자인 · 편집** 지화경
영업 박준용, 임용수 | **마케팅** 이승희, 김다혜, 김근주, 조민영 | **제작** 황장협 | **인쇄** 제이엠인쇄

'직접 만든 것 같지 않은 옷 만들기'와 '손쉽고 빠르게'가 couturier sewing class의 모토입니다.

'무엇을 만들어야 좋을지 모르겠다'는 고민 상담을 종종 받습니다.
유행을 좇을 나이는 아니지만 그렇다고 유행에 뒤처지기도 싫다면, 직접 옷을 만들어 보는 것은 어떨까요?
이 책에서는 '멋지다', '느낌 좋다', '질이 좋다', '기분 좋다' 등의 느낌을 주는,
성인에게 있어서 딱 좋은 옷들을 소개합니다.
'시간이 없어서 만들기에는 무리야'라고 말하는 목소리가 들리는 것 같은데요,
바쁜 시대의 여성에게도 시간과 수고를 크게 들이지 않고 멋진 옷을 만드는 방법이 있습니다.
Couturier 스타일의 빠르고 즐거운 소잉으로 혼자서 옷 1벌을 꼭 만들어 보세요.
또한, 옷은 어떻게 차려 입는지도 중요합니다.
여러 가지 스타일링으로 옷의 장점을 충분히 살려서 즐겨 보세요.
책 안에는 스타일링 제안도 있으니, 좋은 패션 팁이 되길 바랍니다.

couturier sewing class 주재 나카노 유카리

CONTENTS

투톤 풀오버
- Photo P8
- How To Make P40

주름 팬츠
- Photo P8
- How To Make P37

래글런 슬리브 원피스
- Photo P10
- How To Make P54

투톤 원피스
- Photo P11
- How To Make P40

올인원
- Photo P12
- How To Make P51

심플 슬립
- Photo P13
- How To Make P56

스퀘어 넥 원피스
- Photo P14
- How To Make P64

V넥 풀오버
- Photo P16
- How To Make P46

더블 포켓 팬츠
- Photo P17, 29
- How To Make P48

리본 블라우스
- Photo P18
- How To Make P58

심플 풀오버
- Photo P20, 33
- How To Make P66

밑단 고무줄 팬츠
- Photo P20
- How To Make P61

V넥 원피스
- Photo P22
- How To Make P46

프릴백
- Photo P23
- How To Make P68

보틀넥 자켓
- Photo P24
- How To Make P70

원 턱 스커트
- Photo P25,26
- How To Make P72

주름 스커트 원피스
- Photo P27,34
- How To Make P74

래글런 슬리브 풀오버
- Photo P29
- How To Make P54

돌먼 슬리브 롱 티셔츠
- Photo P31
- How To Make P76

벌룬 스커트
- Photo P31
- How To Make P78

V넥 원피스 (긴팔)
- Photo P32
- How To Make P58

보틀넥 코트
- Photo P35
- How To Make P70

About 빠르고 쉬운 소잉 …… P6
핸드메이드 티가 나지 않는
옷을 만들 때 가장 중요한 것 …… P19
소잉의 기본 …… P36
베이직 레슨 1 …… P37
베이직 레슨 2 …… P40
핀포인트 레슨 …… P42
How To Make …… P43
만들기 전에 알아둬야 하는 것 …… P44

※ 본서의 게재 작품을 복제하여 판매(상점 및 인터넷 옥션 등)하는 것을 금지하고 있습니다.
수공예를 즐기기 위해서만 이용해주세요.

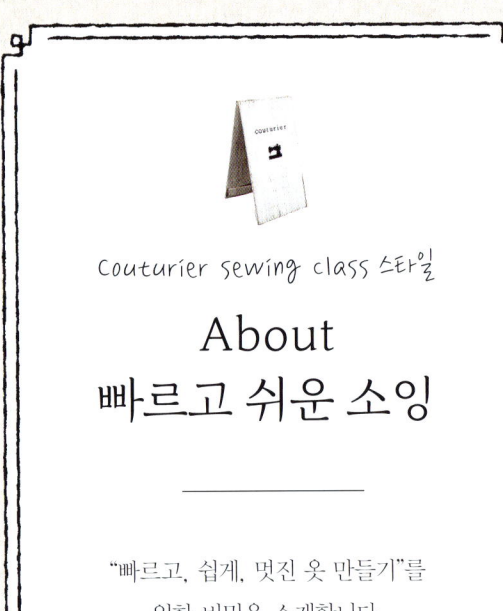

Couturier sewing class 스타일
About
빠르고 쉬운 소잉

"빠르고, 쉽게, 멋진 옷 만들기"를
위한 비밀을 소개합니다.

POINT
- 1 -

시접이 달린 패턴지를 사용한다.

실물 크기 패턴에 이미 시접이 포함되어 있기 때문에 선을 따라 그리는 것만으로도 패턴지가 완성됩니다. 시접의 치수를 확인한 다음 시접을 넣어 패턴지를 만드는 일반적인 마름질 방법과는 달리 순식간에 패턴지를 만들 수 있습니다.

POINT
- 4 -

덧댈 때는 원단에
접착심지를 붙여서 자른다.

원단과 접착심지를 각각 덧대는 사이즈로 자른 후 맞춰서 붙이는 방법보다, 원단에 접착심지를 붙여 자르는 방법을 사용하면 한 번에 깔끔하게 자를 수 있으며 마무리도 깨끗해집니다.

POINT
- 5 -

밑단과 소맷부리의 마무리를
먼저 해 둔다.

옆 부분이나 소매를 봉하여 원통 모양이 된 상태에서, 밑단과 소맷부리를 지그재그로 박고 다림질을 하는 것은 어렵습니다. 원단을 자른 후 평면 상태에서 이러한 작업을 미리 해 두면, 짧은 시간 안에 깔끔하게 마무리할 수 있습니다.

POINT 2
원단에 패턴지를 올려 두고, 선을 긋지 않고 자른다.

패턴지를 시침핀으로 고정하고 패턴지 모양을 따라 자르기만 하면 OK. 재봉 가이드 선을 기준으로 재봉하기 때문에 완성선을 그리지 않고도 완성할 수 있습니다.

※ 36페이지 [원단 마름질하기], [미싱으로 재봉하기] 참조

POINT 3
표시를 할 때에는 가위로

맞춤점은 3mm 정도의 가위집을 넣어 표시합니다. 초크 등을 사용하지 않아 원단에 도료가 묻어나지 않으면서 확실하게 표시할 수 있습니다.

※ 36페이지 [표시하기] 참조

POINT 6
시침핀의 고정 방법을 연구한다.

쓰는 손 쪽에 시침핀의 구슬 부분이 오도록 합니다. 이렇게 하면 재봉할 때에 시침핀을 제거하기 쉽기 때문에 시간을 단축할 수 있습니다.

POINT 7
바지와 스커트는 모두 허리 고무줄을 넣는다.

고무줄을 넣는 것만으로도 간단하고 쉽게 옷을 완성할 수 있습니다. 고무줄을 넣었지만 고무줄이 들어가 있다고 생각되지 않을 정도로 깔끔한 라인이 완성됩니다.

투톤 풀오버

몸통은 스트라이프 무늬, 양 사이드는 스트라이프 무늬의 방향을 바꾸어 넣은 개성있는 디자인입니다.
프렌치 슬리브가 팔뚝을 커버해 줍니다.

How To Make
P40

주름 팬츠

허리 부분은 주름을 잔뜩 넣고,
그 아래로는 주름을 줄여 볼륨이 절제되어 깔끔해 보입니다.
걸을 때마다 흔들리는 여성스러운 실루엣이 특징.

How To Make
P37

빠르고 쉬운 POINT

풀오버는 암홀의 시접을 마무리할 필요가 없습니다.

여성스러운 코디

26페이지의 스커트와
매치해 느낌 있는 외출용
스타일로

래글런 슬리브 원피스

벌룬 라인의 볼륨있는 소매와
풍성한 코쿤 실루엣이 멋진 분위기를 자아냅니다.
격식있는 자리에 나갈 때에도 좋습니다.

How To Make
P54

투톤 원피스

휙 걸쳐 입는 것만으로도 세련된 멋을 낼 수 있습니다.
양 사이드에 짙은 색의 원단을 사용해 수직 라인이 강조된 스타일이
눈에 띕니다. 레깅스와도 잘 어울려요.

How To Make
P40

빠르고 쉬운 POINT
암홀의 시접을 마무리할
필요가 없습니다.

＊가을 겨울 코디＊

롱 니트와 코디하면
봄, 가을, 겨울 모두 OK.

※롱 니트는
[심플하고 세련된 여자 옷]에
실린 가운코트입니다.

올인원

니트 소재를 사용하여 툭 떨어지는 느낌을 냈고,
낙낙한 스타일로 어른스러우면서도 세련돼 보여요.
어깨끈 조절이 가능하고,
허리에 고무줄을 넣어 입기에 편합니다.

How To Make
P51

빠르고 쉬운 POINT

허리의 시접에 고무줄을 넣어 쉽고 간단하게.

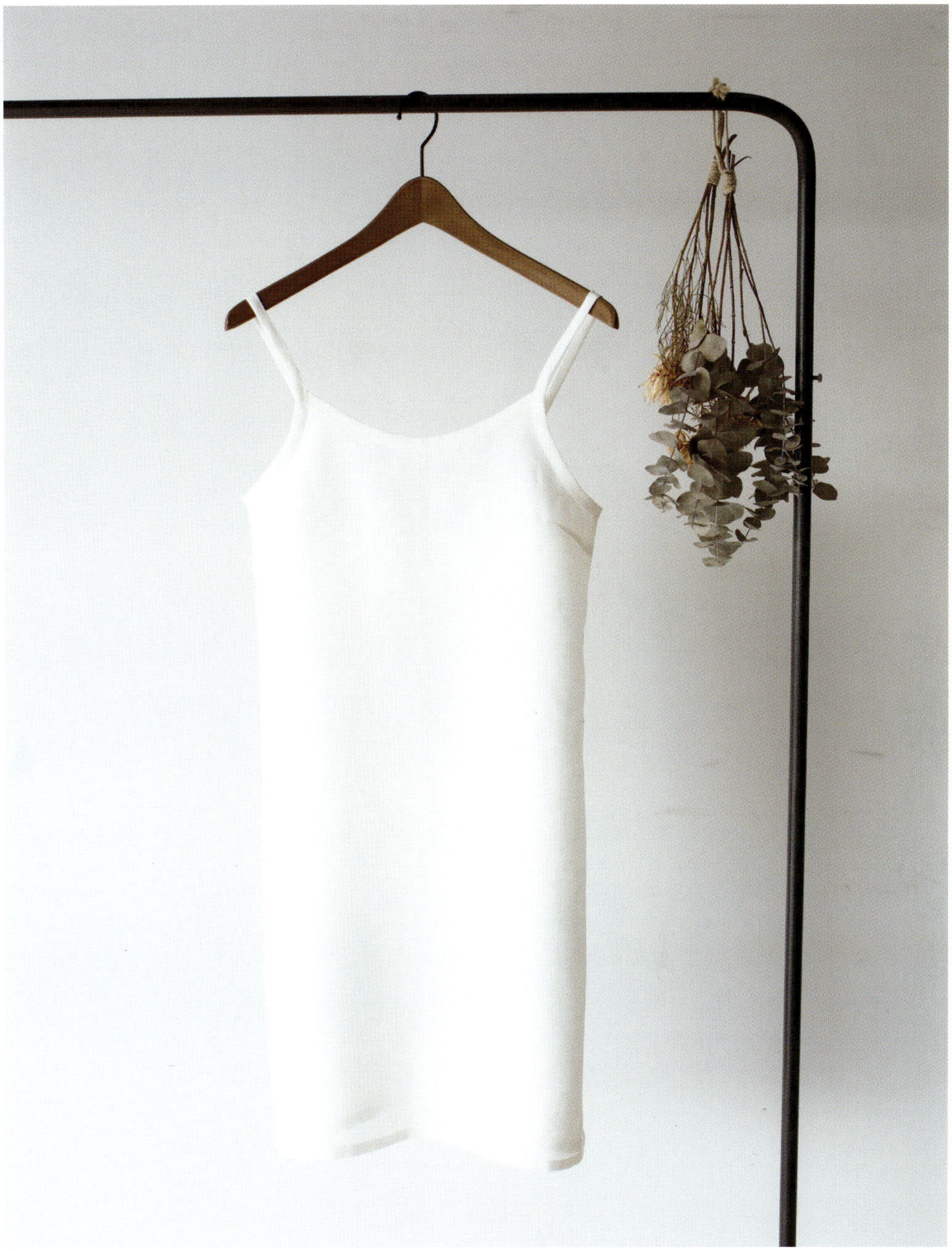

양 사이드에 깊은 슬릿을 넣어
걸을 때 편합니다.

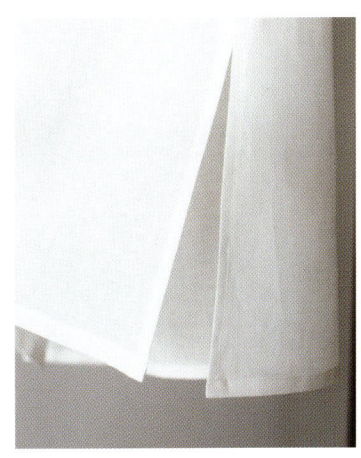

심플 슬립

요청이 많았던 아이템.
비치는 원피스의 이너로도, 나이트 웨어로도 활용할 수 있습니다.
린넨으로 만들면 시원하고 건조도 빨라 사용할 원단으로
린넨을 추천합니다.

How To Make
P56

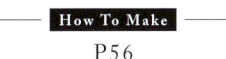

주름으로 바디라인을 부드럽게 커버

데콜테를 아름답게 보이게 하는 스퀘어 넥

소매 슬릿이 포인트

스퀘어 넥 원피스

아이 옷처럼 보이지 않도록 양쪽 사이드에 주름을 넣고
소매에는 슬릿을 넣은 원피스.
원피스 1장만으로 인상적인 코디가 완성됩니다.
무릎 기장으로 단아해 보여요.

How To Make
P64

빠르고 쉬운 POINT

테두리를 꿰매는 것만으로
주머니 완성!

V넥 풀오버

가슴 라인이 깔끔해 보이는 V넥과 적당한 플레어 라인으로
날씬해 보이는 효과가 있습니다.
디자인이 심플하기 때문에,
무늬가 있는 원단으로 만드는 것을 추천합니다.

―― How To Make ――
P46

뒷주머니가 엉덩이 라인을 커버해 줍니다.

더블 포켓 팬츠

폭이 좁지 않아, 누구나 좋아하는 팬츠입니다.
원피스처럼 길이가 긴 아이템과 코디해도 좋습니다.
앞뒤 모두 주머니가 달려 있어요.

How To Make
P48

리본 블라우스

가슴에 장식한 리본이 포인트!
블라우스 한 장으로도 코디에 포인트를 줄 수 있습니다.
어깨가 가려져서 팔뚝이 눈에 띄지 않아 좋습니다.

How To Make
P58

데일리 코디

대님과 맞춰 입으면
고급 캐주얼 스타일로

=== ·COLUMN· ===

Couturier sewing class의
핸드메이드 티가 나지 않는 옷을 만들 때 가장 중요한 것

직접 만든 옷이 성공할지 실패할지는 원단으로 결정된다고 해도 과언이 아닙니다.
좋은 디자인과 패턴도 물론 중요하지만, 어떤 원단을 사용하느냐에 따라 결과가 상당히 달라집니다. 디자인과의 궁합은 생각하지 않고, 특정 원단을 선호한다는 이유만으로 선택하는 것은 매우 위험합니다. 저도 지금까지 셀 수 없을 정도로 많은 실패를 해 왔습니다. 그럼 어떻게 하면 옷감을 선택하는 안목을 기를 수 있을까요?
많은 천을 직접 보고, 만져 보고, 실패를 두려워하지 말고 만들어 보세요. 저는 이게 전부라고 생각합니다.
그러나 실패하고 싶은 사람은 없겠죠. 아래에 각 아이템에 적합한 원단을 소개하고 있으니 참고해 주시기 바랍니다.
하나 조언을 하자면, 직물은 각각 두께와 경도(팽팽함)가 다르기 때문에 볼륨을 넣고 싶다면 두껍거나 견고한 원단을 선택하고, 볼륨을 넣고 싶지 않다면 얇거나 부드러운 원단을 선택하도록 합니다.
원단 선택에 익숙해지면 원단의 차이를 즐겨 봅시다. 같은 디자인에서 원단을 바꾸는 것만으로 캐주얼하게 만들 수도 있고, 외출용으로 만들 수도 있습니다. 또한, 계절에 맞는 원단을 선택하면 하나의 패턴을 1년 내내 즐길 수 있습니다.

얇고 부드러운 원단 사용 / 두껍고 견고한 원단 사용

원단을 바꿔가며 만든 25, 26페이지의 원 턱 스커트 사이드에는 큰 볼륨 차이가 있습니다.

드레시하게 / 캐주얼하게

29페이지의 래글런 슬리브 풀오버도 줄무늬 패턴의 원단을 사용하면 캐주얼하게 연출할 수 있습니다.

풀오버나 블라우스 등 상의류에 어울리는 원단

부드러운 천을 사용하면 실루엣이 예쁘고 움직이기에도 편한 옷을 만들 수 있습니다.
31페이지의 돌먼 슬리브 롱 티셔츠와 12페이지의 올인원은 신축성이 있어야 하기 때문에 반드시 니트원단(코트 스무스 니트, 코트 리브 니트, 펀치 니트 등)을 사용하십시오.

▶ 적합한 원단
부드러운 린넨, 코튼(론, 브로드클로스, 시어서커, 샴브레이 등), 레이스, 거즈, 실크, 레이온

바지나 스커트 등 하의류에 어울리는 원단

중간 두께의 원단이나 두꺼운 원단을 사용하면 저렴해 보이지 않는 제대로 된 옷을 만들 수 있습니다.

▶ 적합한 원단
코튼(치노, 트윌, 코듀로이), 코튼 폴리에스테르, 중간~두꺼운 원단의 린넨, 면마, 데님, 덩거리, 히코리, 울(색소니, 트위드, 플란넬, 압축 니트 등)

원피스에 어울리는 원단

얇은 원단도, 두꺼운 원단도 모두 OK. 옷을 샤프하게 만들지, 볼륨을 넣을지는 어떤 원단을 선택하느냐에 달려 있습니다. 14페이지의 스퀘어 넥 원피스처럼 주름을 많이 잡는 옷이나 드레이프를 예쁘게 내고 싶은 디자인은 얇은 원단이나 중간 두께의 부드러운 원단이 잘 어울립니다.

▶ 적합한 원단
린넨, 코튼, 코튼 실크, 코튼 새틴, 면마, 데님, 덩거리, 폴리에스테르, 울(색소니, 트위드, 자카드, 압축 니트 등)

심플 풀오버

목 라인은 예쁘게, 팔은 가늘어 보이게 하는
8부 길이의 보트 넥 풀오버.
어떤 하의와도 잘 어울리기 때문에
유용할 것입니다.

How To Make
P66

밑단 고무줄 팬츠

밑단에 고무줄을 넣은 편한 치노 팬츠.
깔끔한 실루엣으로 캐주얼한 것이
이 팬츠의 매력입니다.
사이드에 포켓을 달아 편리할 뿐 아니라
깔끔한 느낌을 더했습니다.

How To Make
P61

빠르고 쉬운 POINT

풀오버는 몸판에 1장씩 덧
댐천을 붙이기 때문에 재
봉하기 쉽습니다.

가을겨울 코디

터틀넥 니트 & 숄 &
울 팬츠와 코디해
깔끔하고 우아하게

❋ 바지는 [심플하고
세련된 여자 옷]에 제재된
리본 와이드 팬츠

021

V넥 원피스

여름에 산뜻하게 원피스 하나만 입어
멋을 낼 수 있는 아이템입니다.
알맞게 파인 V넥이 여성스러운 느낌을 주며,
어깨도 확실히 가려 줍니다.

How To Make
P46

부드러우면서 깔끔해 보이는 라인

프릴백

폭(가방바닥)이 없는 심플한 가방 테두리에
같은 색의 프릴을 장식해 귀엽습니다.
바깥쪽으로 살짝 보이는 스트라이프 안감이 포인트!

How To Make
P68

보틀넥 자켓

짧은 길이의 자켓으로,
볼륨있는 하의와 잘 어울립니다.
깔끔해 누구나 쉽게 입을 수 있으며,
다양한 옷에 코디하기가 쉽습니다.

—— How To Make ——
P70

✲ 데일리 코디 ✲

31페이지의 티셔츠와 주름 스커트를
함께 매치해 어른스러우면서도
귀여운 코디 완성!

✲ 스커트는 [심플하고 세련된 여자옷]에 게재된
부드러운 틱 스커트

원 턱 스커트

사이드에만 고무줄을 넣어
부해 보이지 않는 깔끔한 디자인의 스커트.
외출 시에도 캐주얼하고 맵시있게 입을 수 있는
간편한 디자인입니다.

How To Make
P72

원 턱 스커트 (다른 원단 사용)

두꺼운 원단을 사용해 볼륨을 넣었습니다.
앞쪽과 뒤쪽의 턱이 포인트.
울 원단을 사용하면 가을 겨울에도 입을 수 있어요.

How To Make
P72

여성스러운 코디

타이트한 스커트와 진주목걸이를
함께 코디해 여성스러운 외출복으로

래글런 슬리브 풀오버

어깨와 팔목에 고무줄을 넣어 부드럽고 입체적인 실루엣.
가슴 라인을 아름답게 보이도록 하는 V넥 풀오버로,
세련되고 어른스러운 스타일입니다.

―― How To Make ――

P54

더블 포켓 팬츠 (다른 원단 사용)

허리 고무줄이 있어 편하면서,
예쁘고 맵시있게 입을 수 있습니다.
염색하지 않은 원단과 흰색 실로 만들어
어떤 색상과 무늬의 상의와도 잘 어울립니다.

―― How To Make ――

P48

몸판과 소매가 붙어있기 때문에, 몸판에서부터 소매까지 이어지는 스트라이프 모양이 인상적입니다.

* 깔끔한 코디 *

셔츠와 가디건을 코디해
어른스럽고 깔끔한 캐주얼 스타일로

돌먼 슬리브 롱 티셔츠

목둘레를 조금 넓게 한 어른스러운 디자인입니다.
단품으로 입는 것은 물론, 다른 옷과 레이어드해도 좋습니다.
무지 원단으로 만들어도 Good!

How To Make
P76

벌룬 스커트

스타일리시하면서도 볼륨이 절제되어 코디하기 쉬우며,
심플한 상의와 코디하면 세련돼 보입니다.
양쪽에 둥근 포켓을 달아 귀여움을 더했습니다.

How To Make
P78

가을 겨울 코디

터틀넥 니트와 조끼, 부츠와 코디

V넥 원피스 (긴팔)

22페이지의 V넥 원피스를 변형한 디자인으로,
여름을 제외한 봄, 가을, 겨울 3계절 동안 입을 수 있습니다.
소매를 접으면 경쾌하면서 세련된 느낌을 연출할 수 있습니다.
편하게 입고 싶은 날에 이 원피스 한 장만 입어 보세요.

※ 바지는 29페이지의 더블 포켓 팬츠

How To Make
P58

빠르고 쉬운 POINT

소매 붙이기가 편한 드롭 숄더입니다. 소맷마루의 커브가 얕아 재봉하기 쉽습니다.

심플 풀오버 (다른 원단 사용)

울 원단으로 만든 가을, 겨울 아이템으로,
목둘레는 앞, 뒤 몸판의 어깨를 겹치고 한 번 꼬아 멋을 더했습니다.
티셔츠처럼 편하게 입을 수 있으면서도 깔끔해 보입니다.

— How To Make —
P66

주름 스커트 원피스 (다른 원단 사용)

바쁜 아침에 쓱 걸치는 것만으로도
멋을 낸 것처럼 보이는 원피스입니다.
가을, 겨울에는 점퍼 스커트로 터틀넥 니트와 함께 코디해 보세요.
어깨에 단추가 있어 입고 벗기에 편합니다.

How To Make
P74

보틀넥 코트

24페이지의 보틀넥 자켓을 변형한 코트.
깔끔한 넥라인으로, 넥워머나 숄을 걸쳐도 좋습니다.
양 사이드에 둥근 포켓을 달아 귀여움을 더했습니다.

How To Make
P70

couturier sewing class 스타일
소잉의 기본

작품을 만드는 데 필요한 원단의 마름질 방법과 재봉 방법 등의 기본을 알아둡니다.

원단 마름질하기

마름질 방법 안내도를 참고하여, 옷감 결선에 맞춰서 패턴지를 올리고 시침핀으로 고정합니다.
※ 44페이지 [패턴지 베끼는 방법] 참조

패턴지의 왼쪽에 마름질 가위가 오도록 하고, 천 끝에서부터 패턴지를 따라 자릅니다.
※ 왼손잡이용 가위를 사용하는 경우에는 패턴지의 오른쪽에 가위가 오게 합니다.

Point! 마름질 가위는 패턴지의 왼쪽에!

패턴지의 오른쪽에 마름질 가위를 두고 자르면, 가위의 왼쪽 날에 패턴지의 가장자리가 놓이기 때문에 안정적이지 않고, 가위날만큼의 간격이 생깁니다.

가위를 패턴지 왼쪽에 놓아야 패턴지와 마름질 가위가 겹치지 않아 좀 더 정확하고 쉽게 재단할 수 있습니다.

표시하기

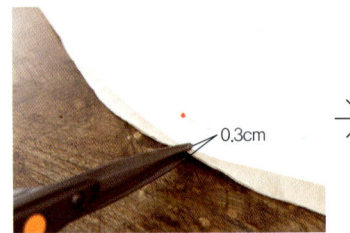

0.3cm

0.3cm

맞춤점 부분은 시접에 0.3cm 정도 가위집(노치)을 넣어 표시합니다.

다트선 위치나 재봉 멈춤선 위치, 주머니 다는 위치, 단추 다는 위치 등은 초크 페이퍼와 룰렛으로 표시합니다.

미싱으로 재봉하기

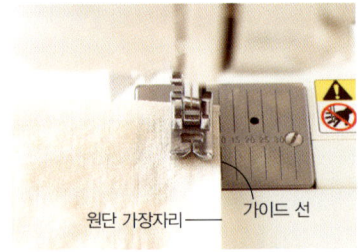

원단 가장자리 — 가이드 선

완성선을 그리지 않기 때문에, 재봉틀에 달려 있는 가이드 선과 원단 가장자리를 맞춰서 재봉합니다(사진은 시접 1cm의 경우).

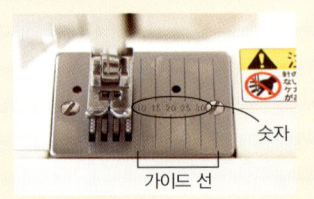

가이드 선 — 숫자

가이드 선이란?
재봉틀에 부착되어 있는 안내선을 가리킵니다. 숫자는 바늘이 떨어지는 위치로부터의 거리를 표시합니다.

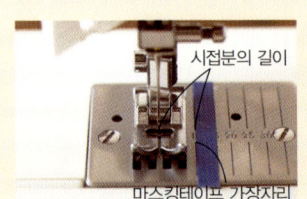

시접분의 길이 — 마스킹테이프 가장자리

가이드 선이 달려 있지 않은 재봉틀의 경우에는 어떻게 할까요?
바늘이 떨어지는 위치로부터 수직으로 시접분의 길이를 재서, 재봉틀에 마스킹테이프를 붙여 줍니다. 마스킹테이프의 가장자리가 가이드 선이 됩니다.

다리미를 옆에 두고 작업하기

다리미는 다양한 경우에 사용됩니다. 시접을 눕히거나 가르는 등 안쪽에서 작업한 후에 겉쪽에서 다림질을 하면, 솔기가 정돈되고 마무리가 깔끔해집니다.

시접을 눕히거나 한쪽으로 접을 때 다리미로 눌러 줍니다.

시접을 가르거나 열 때에 다리미로 눌러 줍니다.

시접을 늘립니다.
※ 40페이지의 [늘림시접 넣는 방법] 참조

소맷부리나 밑단을 접습니다. 원단 가장자리를 한 번 또는 두 번 접어 다리미로 눌러 줍니다.

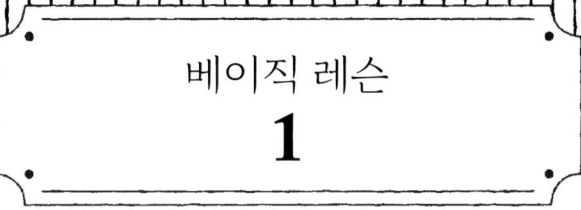

베이직 레슨 1

주름 팬츠 Photo P8

재료 | 마름질 방법 — P81

완성 사이즈 • 왼쪽부터 S/M/L/XL
바지 기장 = 86.5/87/89.5/90cm

사전 준비

※ 알아보기 쉽도록 별색의 원단을 사용했습니다.

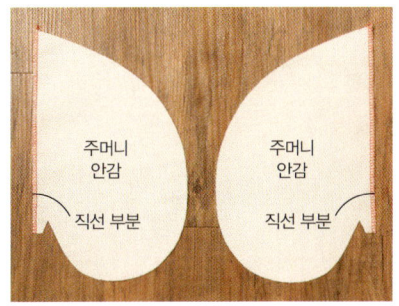
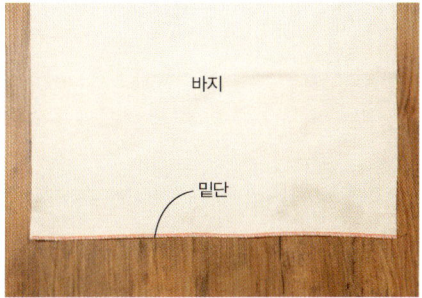
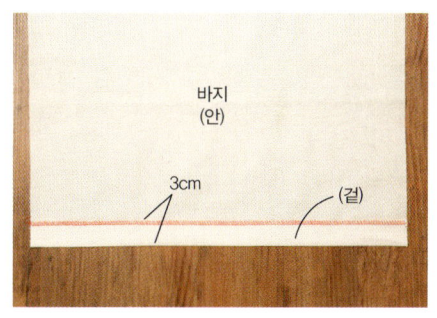

주머니 안감의 직선 부분과 바지 앞판. 뒤판의 밑단을 지그재그로 박습니다.

밑단을 3cm 폭으로 두 겹 접고, 다리미로 눌러 줍니다.

만드는 방법

1. 밑위 박기

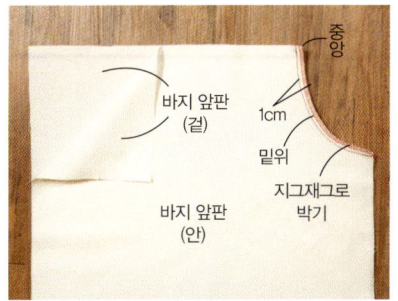

바지 앞판은 앞판끼리, 뒤판은 뒤판끼리 겉끼리 마주 대고, 밑위를 시접 1cm로 재봉합니다. 시접은 지그재그로 박고 한쪽으로 눕힙니다.

Point! 바지 앞판과 뒤판은 서로 시접을 눕히는 방향을 반대로 합니다(앞을 왼쪽으로 눕힌다면, 뒤는 오른쪽으로).

2. 주름 잡기, 덧댐천 박기

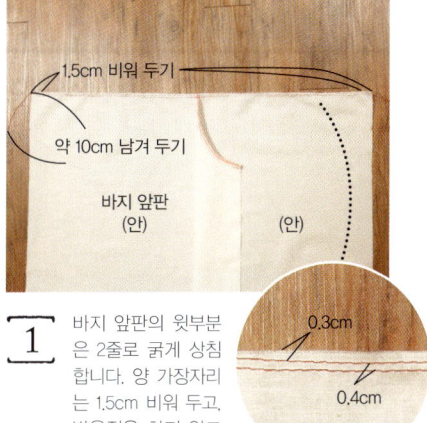

① 바지 앞판의 윗부분은 2줄로 굵게 상침합니다. 양 가장자리는 1.5cm 비워 두고, 박음질은 하지 않고 그대로 둡니다. 재봉 시작 부분과 끝나는 부분의 실을 약 10cm 남깁니다.

※ 바지 뒤판도 같은 방법으로 작업합니다.

② 덧댐천 1장과 바지 앞판을 겉끼리 마주 대고, 중앙과 양옆을 시침핀으로 고정합니다.

3 좌우의 위쪽 실 2줄을 각각 잡아당겨 주름을 잡고, 2장의 원단의 길이를 맞춥니다. 좌우 각각 4줄의 실을 정리해 하나로 묶습니다. 주름을 균일하게 만들기 위해서 시침핀으로 고정합니다.

4 주름을 눌러 주기 위해서 송곳으로 위에서부터 누릅니다. 시접은 1cm로 꼼꼼하게 재봉하고, 지그재그로 박은 후 시접을 덧댐천 쪽으로 눕힙니다.

※ 바지 뒤판도 같은 방법으로 작업합니다.

Point! 왼손으로 원단을 가볍게 잡아당기면서 작업하기 때문에, 원단 위아래 불필요한 부분까지 봉하지 않도록 주의합니다.

3. 주머니 달기

1 바지 앞판의 주머니 입구에 접착심지를 붙입니다. 미리 접어둔 밑단을 한 번 열고, 옆을 지그재그로 박습니다.

※ 바지 뒤판의 옆쪽도 지그재그로 박습니다.

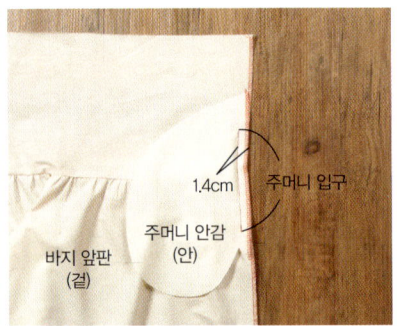

2 주머니 안감과 바지 앞판을 겉끼리 마주 대고, 주머니 입구를 시접 1.4cm로 박습니다.

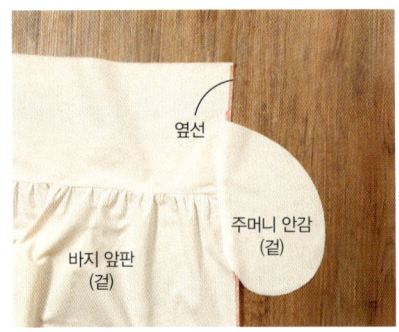

3 주머니 안감을 옆쪽으로 넘기고, 다리미로 눌러 줍니다.

※ 바지 뒤판도 2,3번과 같은 방법으로 작업합니다.

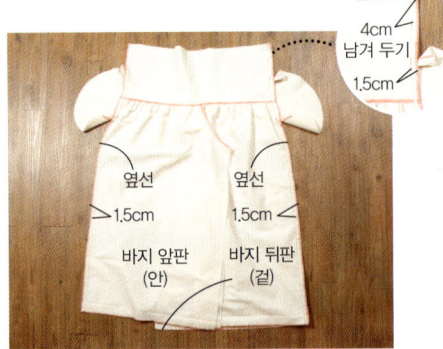

4 바지 앞, 뒤판을 겉끼리 마주 대고, 한쪽 옆면만 위쪽에 4cm 남기고 모두 시접 1.5cm로 재봉합니다.

Point! 주머니 안감을 넣고 재봉하지 않도록, 주머니의 위아래 모서리는 세모나게 접습니다.

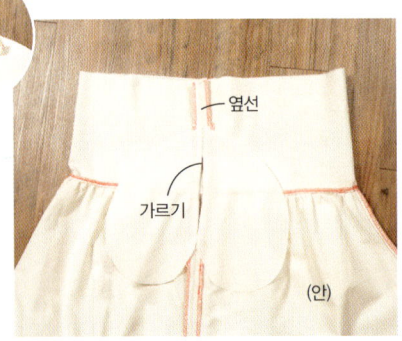

5 주머니 안감의 시접을 가릅니다.

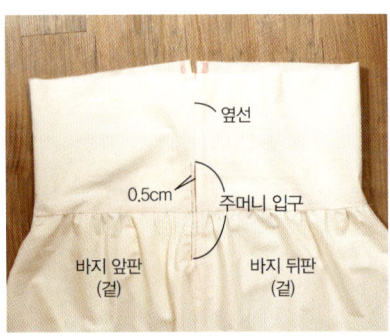

6 겉으로 뒤집어, 바지 앞판의 주머니 입구의 가장자리를 주머니 안감 1장과 함께 시접 0.5cm로 재봉합니다.

4. 밑아래 박기, 고무줄 끼우기

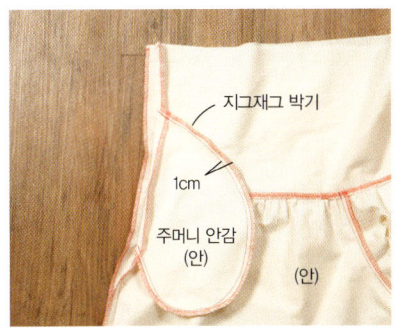

7 다시 안쪽으로 뒤집어 주머니 안감을 겉끼리 마주 대고, 시접 1cm로 재봉합니다. 시접은 2장을 한꺼번에 지그재그로 박습니다.

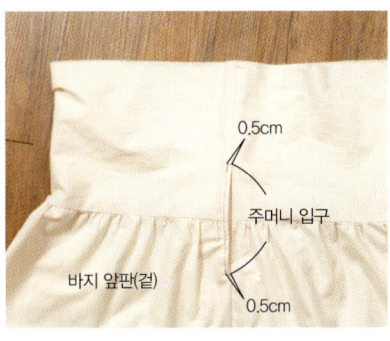

8 주머니 안감을 바지 앞판 쪽으로 눕히고, 겉쪽에서 주머니 입구 위아래를 박음질로 0.5cm 꿰매 고정시킵니다.

1 바지 앞, 뒤판을 겉끼리 마주 대고, 밑아래를 시접 1cm로 박습니다. 시접은 2장을 한꺼번에 지그재그로 박습니다.

2 허리 부분의 시접 가장자리를 지그재그로 박습니다.

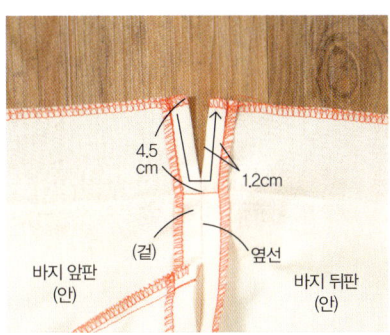

3 박지 않고 남겨 두었던 옆쪽의 고무줄 끼우는 구멍 양쪽을 ㄷ자로 봉합니다.

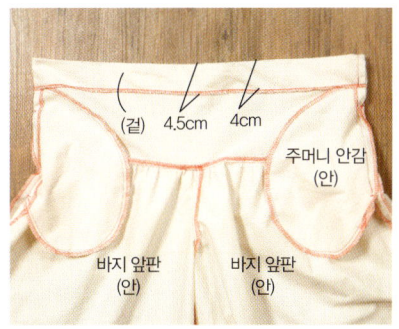

4 허리를 4.5cm의 폭으로 두 겹 접고, 4cm 되는 지점을 한바퀴 빙 둘러 박습니다.

Point! 허리 부분은 주머니 안감의 윗부분을 끼운 다음 두 겹 접습니다.

5. 밑단 박기

5 고무줄 끼우는 구멍에 납작 고무줄을 끼우고, 고무줄 양 가장자리를 2cm 겹친 후 1cm 되는 지점을 꿰맵니다.

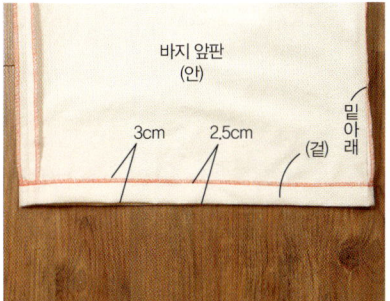

밑아래의 시접을 뒤쪽으로 넘기고, 밑단을 두 겹 접어서 2.5cm 되는 지점을 박습니다.

Point! 밑단이 퍼지는 디자인의 밑단 마무리

밑단을 재봉할 때, 전체를 시침핀으로 고정합니다. 원단이 헐거울 때에는 작은 턱을 잡아서 접고, 송곳으로 누르면서 재봉합니다.

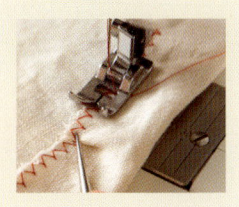

드디어 완성!

베이직 레슨 2

투톤 풀오버 Photo P8
투톤 원피스 Photo P11

재료 | **마름질 방법** — P80

완성 사이즈 • 왼쪽부터 S/M/L/XL

가슴둘레 = 105/108/112/118cm
총장 = 풀오버 52/52/54/56cm
　　　원피스 94/96/98/100cm

만드는 방법
※ 이해하기 쉽도록 무지 원단을 사용했습니다.

1. 앞, 뒤 몸판을 맞춰 어깨 박기

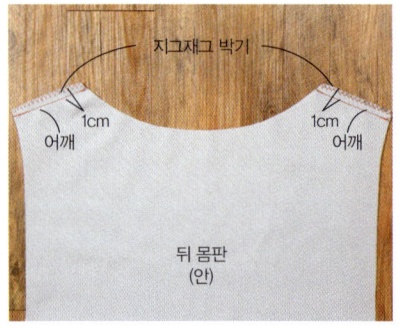

앞 몸판과 뒤 몸판을 겉끼리 마주 대고, 어깨를 시접 1cm로 재봉합니다. 시접은 지그재그로 박고 앞 몸판 쪽으로 넘깁니다.

2. 목둘레 처리하기

1　바이어스 테이프의 접은 곳 중 한쪽을 엽니다. 앞, 뒤 몸판과 바이어스 테이프를 겉끼리 마주 대고, 목둘레에 빙 둘러 줍니다. 접힌 선 부분을 박습니다.
※ 42페이지 [커브가 심한 부분의 바이어스 테이프 고정법] 참조

2　어깨 커브가 심한 곳에 가위집을 넣습니다.

3　바이어스 테이프를 몸판의 안쪽으로 뒤집어 늘림시접을 넣습니다.

Point!

바이어스 테이프 한쪽 끝을 1cm 접고, 1cm 겹칩니다.

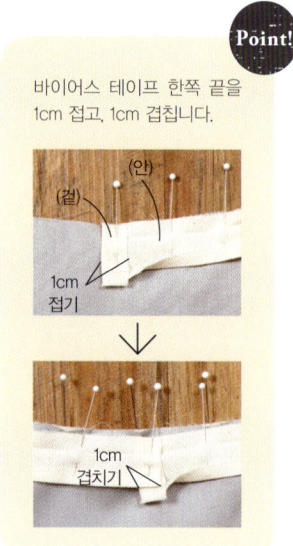

Point!
늘림시접 넣는 방법

안으로 뒤집은 후, 이음매를 0.1cm 띄운 상태에서 원단을 접어 주름을 만들고 다리미로 눌러 줍니다. 이렇게 해야 겉에서 봤을 때 테이프와 이음매가 보이지 않습니다.

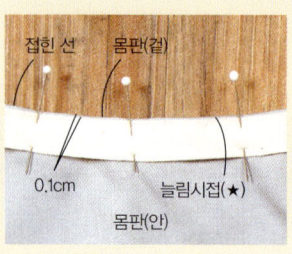

3. 덧댐천 달기

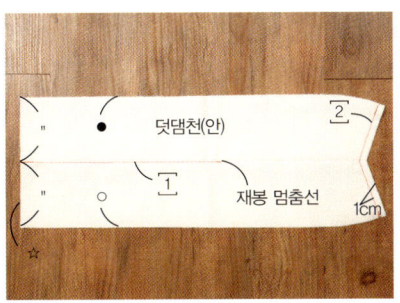
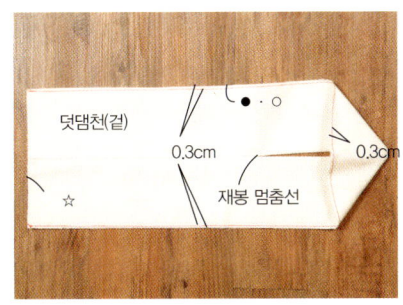

4. 목둘레 가장자리로부터 1cm 떨어진 지점을 빙 둘러 박습니다.

1. 덧댐천 2장을 겉끼리 마주 대고, 재봉 멈춤선까지 박습니다.

2. 가장자리를 V자로 시접 1cm 박습니다
※ 남겨둔 덧댐천 2장도 같은 방법으로 작업합니다.

3. ●와 ○를 맞춰서 겉으로 뒤집고, 다리미로 눌러 줍니다. 가장자리를 0.3cm(☆부분 제외)로 박습니다.

4. 몸판과 덧댐천을 맞춰 박기

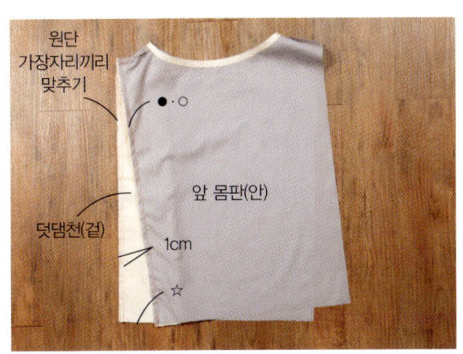

1. 덧댐천과 앞, 뒤 몸판의 원단 가장자리를 사진처럼 맞춘 후 시접 1cm로 박습니다.

2. 시접은 지그재그로 박습니다.

5. 밑단 두 겹 접어 박기

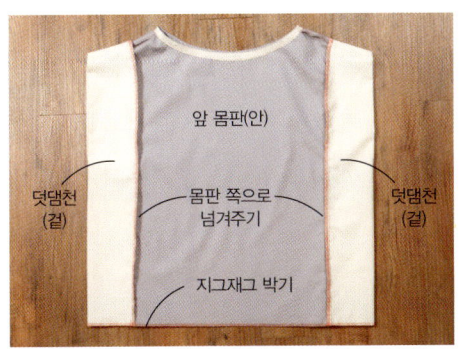
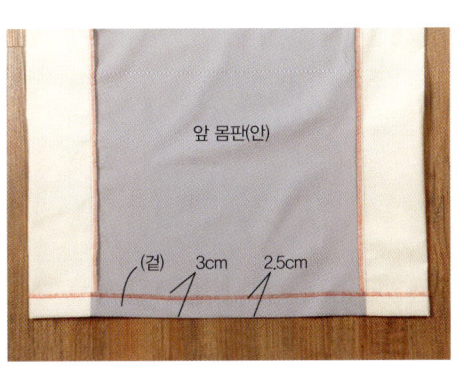

1. 시접은 몸판 쪽으로 넘기고, 다림질합니다. 밑단은 지그재그 박기로 주변을 빙 둘러 박습니다.

2. 밑단을 3cm 폭으로 두 겹 접고, 가장자리로부터 2.5cm 되는 부분을 박은 후 겉으로 뒤집습니다.

핀포인트 레슨

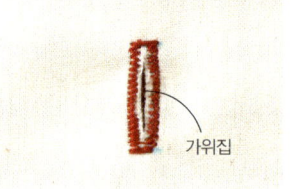
작품을 만들 때 자주 등장하는 테크닉을 정리했습니다.

단춧구멍 만드는 방법

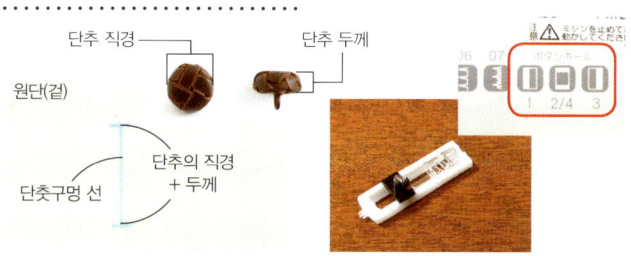

1. 패턴지를 참고해, 원단 겉쪽에 단춧구멍 선을 그립니다.
2. 단춧구멍용 노루발과 미싱의 표시를 고릅니다.
3. 단춧구멍의 선 가장자리부터 재봉을 시작해서 2번 둘러 줍니다. 스토퍼 대신 시침핀으로 고정하고, 리퍼를 넣습니다.
4. 재봉된 실을 자르지 않도록 가위집을 넣습니다.

둥근 주머니 만드는 방법

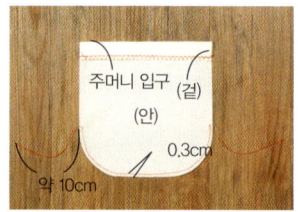  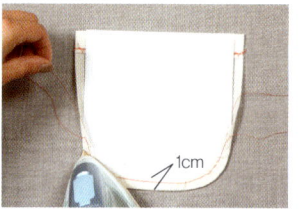 

1. 주머니 입구를 접어 재봉했다면, 커브 부분을 굵은 땀으로 1줄 상침합니다. 박음질은 하지 않고, 재봉 시작 부분과 끝 부분의 실을 약 10cm 정도 남겨 둡니다.
2. 완성 사이즈로 자른 두꺼운 종이를 주머니 위에 놓고, 좌우 위쪽 실 1줄씩 잡아당겨 주름을 잡아 둥그스름하게 만듭니다.
3. 두꺼운 종이를 따라 주변을 1cm씩 접으면서 다림질합니다.
4. 실 끝자락을 잘라 완성합니다.

소매 다는 방법

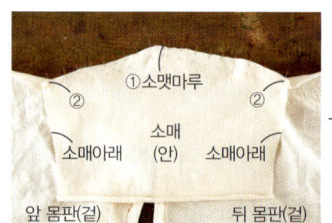 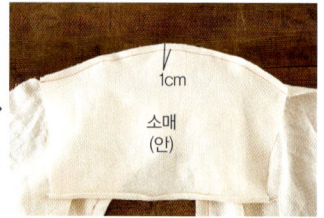

1. 몸판과 소매를 겉끼리 마주 대고, ①과 ② 사이를 시침핀으로 균일하고 촘촘하게 고정합니다.
2. 소매를 달 위치를 시접 1cm로 박습니다.

니트 원단 다루는 요령

니트 원단을 고르는 방법과 다루는 방법

신축성이 적어 다루기 쉬운 우라케 니트나 펀치 원단을 추천합니다. 최대한 늘어나지 않도록 하기 위해 세탁할 때엔 손으로 눌러 빤 후에, 평평한 곳에 놓고 건조합니다.

마름질 요령

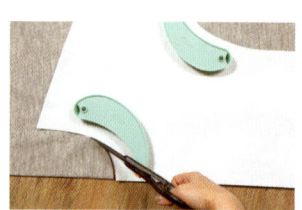

패턴지를 원단 위에 놓고 시침핀으로 고정한 후, 문진으로 패턴지를 눌러 준 상태에서 원단을 자르면 오차 없이 안정적으로 자를 수 있습니다.

커브가 심한 부분의 바이어스 테이프 고정법

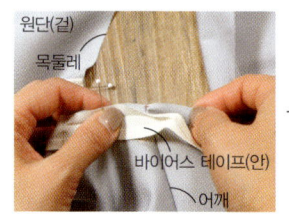 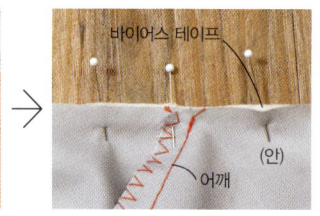 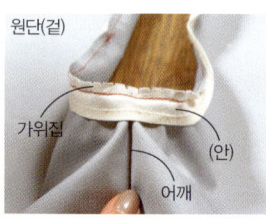

1. 어깨 부분을 펴고, 바이어스 테이프를 고정합니다. 안에서 봤을 때 테이프가 원단에 딱 맞도록 합니다.
2. 바이어스 테이프를 빙 둘러서 재봉한 후, 커브 부분에 촘촘하게 가위집을 넣습니다.

How To Make

시작에 앞서

- 각 작품은 S·M·L·XL 네 가지 사이즈로 만들 수 있습니다. 아래의 사이즈 표와 각 작품의 완성 사이즈를 기준으로 사이즈를 선택해 주세요.
- 작품의 마름질 방법은 M 사이즈 기준입니다. 사이즈와 사용한 원단에 따라서 배치가 달라질 수도 있기 때문에, 재단 전에는 반드시 모든 부위의 원단을 배치해 보세요.
- 재료는 세탁 후의 치수를 기준으로 폭×길이순으로 기재했습니다.
- 재료 중 납작 고무줄은 표준 사이즈입니다. 상황에 맞춰 사이즈를 조절해 주세요.
- 시접이 붙어 있는 패턴지입니다. 시접을 따로 그릴 필요가 없습니다.

사이즈 표

- 단위는 cm입니다.
- 사이즈는 아무것도 입지 않고 쟀을 때 기준입니다. 모델은 키 170cm에 M 사이즈를 입고 있습니다.

	S	M	L	XL
키	153~160		160~165	
가슴	81	84	88	94
허리	63	66	70	74
엉덩이	86	90	94	98

완성 사이즈에 대해서

총장은 넥포인트부터 밑단까지의 길이이며, 바지·스커트의 길이는 총장(허리에서부터 밑단까지)의 길이입니다.

만들기 전에 알아둬야 하는 것

패턴지

- 부록의 실물 크기 패턴은 다양한 작품의 선이 겹쳐 있기 때문에, 하드롱지와 트레이싱 페이퍼 등 투명한 종이에 베껴서 씁니다.
- 만드는 방법 페이지에서 실물 크기 패턴의 번호를 확인한 후, 마름질 방법 안내도에서 부위별 모양을 확인하고 패턴을 찾습니다. 부위별 명칭이나 번호가 패턴지 주위에 써있기 때문에 이를 확인하면 쉽게 찾을 수 있습니다.
- 실물 크기 패턴에는 '♡와 연결'이라고 쓰여 있는 점선이 들어간 패턴이 있습니다. 이는 길이가 길어 패턴지에 다 들어가지 않아 2개로 나눈 것입니다. 패턴지를 베낄 때에는 점선끼리 겹쳐서 한 장으로 만듭니다.

패턴지 기호

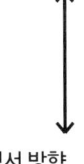 **식서 방향**
옷감 결(세로)의 방향

 **골선**
원단을 반으로 접었을 때 접힌 부분

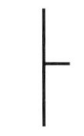 **맞춤점**
2장 이상의 원단을 어긋나지 않게 맞추기 위한 표시

 **턱**
주름을 만들기 위한 표시

다트
2개의 선을 맞춰 박는 표시

패턴지 베끼는 방법

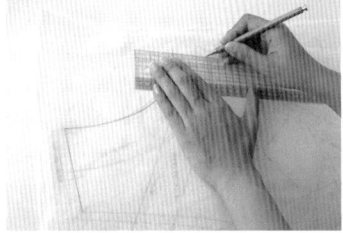

1. 만들고 싶은 작품의 실물 크기 패턴 선을 마카 같은 것으로 덧그립니다. 패턴지 위에 비치는 종이를 놓고 자를 이용해 베껴 주세요.

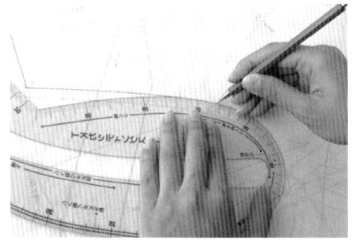

2. 곡선 부분은 곡선 자를 이용해 그리면 편합니다.

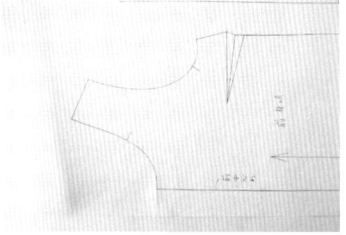

3. 부위별 이름과 식서 방향, 맞춤점 등의 기호를 표시합니다.

원단 준비

완성된 작품을 세탁할 때는 원단이 줄어들거나 틀어지지 않도록 물세탁을 해야 합니다. 물세탁은 좋은 세탁세제를 써서 드라이 코스로 부드럽게 세탁한 후, 원단의 결을 정리해 반건조 상태로 그늘진 곳에 말리고 다림질을 합니다. 물에 담그면 촉감이 변하는 원단은 물세탁을 피해 주세요.

※ 니트 원단의 경우 42페이지 참조

〈다림질〉

원단의 결이 직각이 되도록 고르고, 원단 결을 따라 안쪽부터 다림질합니다.

※ 니트 원단은 스팀다리미로, 생지는 잡아당기지 않으면서 다림질합니다.

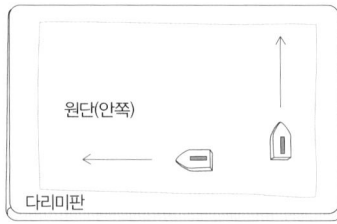

바늘과 실

재봉틀용 바늘과 실은 원단에 맞춰 사용해야 합니다.

원단 종류	재봉 바늘	재봉 실
얇은 원단 (코튼 론, 호일 원단 등)	7, 9호	90번
보통 원단 (린넨, 코튼 브로드클로스 등)	9, 11호	60번
두꺼운 원단 (코튼 치노, 압축 울 등)	11, 14호	60~30번

바이어스 테이프 만드는 방법과 연결 방법

바이어스 테이프

식서 방향에서 45°로 선을 그린 후 이 선에 평행하게 선을 그려 자른 원단을 바이어스 천이라 하고, 이 천을 접은 것을 바이어스 테이프라고 합니다.

길이가 충분하지 않은 경우에는 자른 바이어스 천을 필요한 길이만큼 연결해 테이프 모양을 만들어 사용합니다.

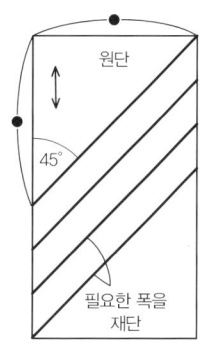

바이어스 천 연결 방법

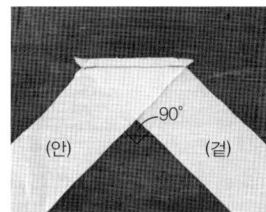

1. 바이어스 천을 겉끼리 마주 대고, 직각에 맞춰서 바느질 합니다.

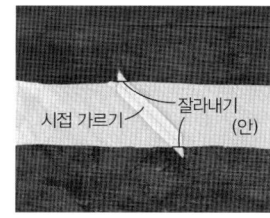

2. 시접을 가른 후, 삐져나온 시접을 자릅니다.

바이어스 메이커로 만들면 쉬워요.

※ 바이어스 메이커가 없는 경우, 다리미로 접어도 OK

바이어스 천을 접어 바이어스 테이프로 만드는 방법

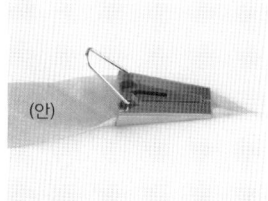

1. 바이어스 메이커에 바이어스 천의 안쪽이 위로 오게 해 통과시키고, 가장자리를 송곳으로 꺼냅니다.

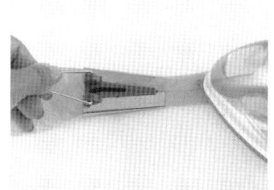

2. 바이어스 메이커의 손잡이를 당겨 나온 바이어스 천의 가장자리부터 다리미로 다립니다.

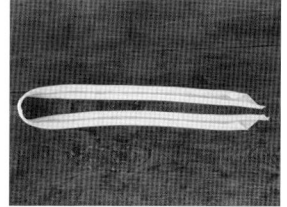

3. 완성.

접착심지 붙이는 방법

- 마름질 방법 안내도에 접착심지를 붙이는 표시가 있다면, 원단 안쪽에 접착심지를 붙입니다. 접착심지는 원단, 니트, 부직포와 같은 종류가 있으며, 사용하는 천에 맞춰 골라 사용합니다.
- 원단 안쪽에 접착심지의 접착면을 놓은 후, 바대를 놓고 다리미를 끝에서부터 균일한 힘으로 눌러 줍니다. 조금씩 이동하면서 빈틈이 생기지 않도록 붙인 후, 열이 다 식을 때까지 그대로 둡니다.

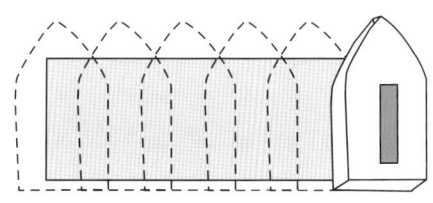

공 그르기

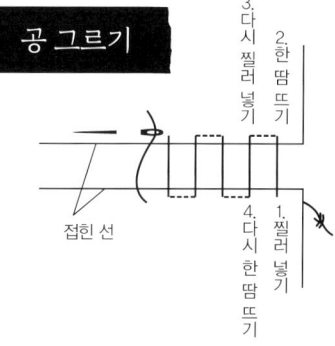

2장의 원단을 접힌 선을 맞대고, 그 사이를 실이 ㄷ자가 되도록 걸쳐서 일정한 간격으로 박습니다.

턱 접는 방법

빗금 중 높은 쪽에서 낮은 쪽으로 접어 주름을 만듭니다.

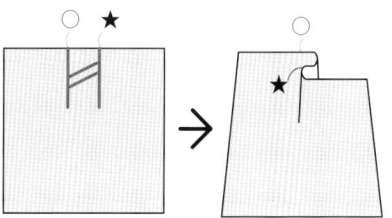

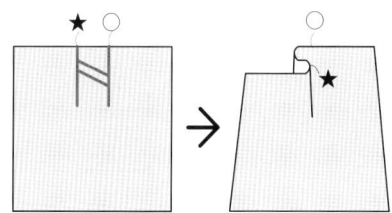

V넥 풀오버 Photo P16
V넥 원피스 Photo P22

재료
• 왼쪽부터 S/M/L/XL

V넥 풀오버
- 코튼 론 원단
  … 폭 157cm×110cm
- 얇은 접착심지 … 30cm×40cm

V넥 원피스
- 린넨 원단
  … 폭 150cm×250/250/260/260cm
- 얇은 접착심지 … 30cm×40cm

실물 크기 패턴
A면 [1] [3] 〈1~4〉
1-앞 몸판 2-뒤 몸판 3-앞 덧댐천
4-뒤 덧댐천

완성 사이즈
• 왼쪽부터 S/M/L/XL
가슴둘레 = 100.7/103.7/107.7/113.7cm
총장 = 풀오버 59/61/63/65cm
        원피스 110.5/112.5/114.5/116.5cm

마름질 방법
• 단위는 cm • 위에서부터 S/M/L/XL
※ 바이어스 천은 원단에 직접 선을 그려 자릅니다.

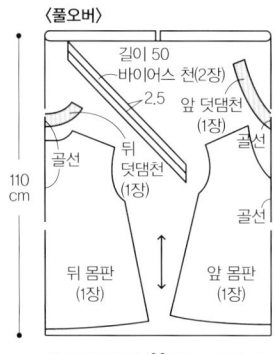

※ □는 접착심지입니다. 앞, 뒤 덧댐천은 접착심지를 붙인 후 자릅니다.

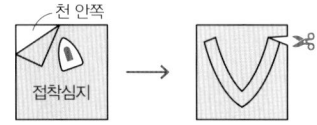

사전 준비
• 단위는 cm
• 앞, 뒤 몸판 밑단은 지그재그로 박고 3cm 폭으로 두 겹 접습니다.

재봉 순서

1. 마름질 방법을 참고해 원단을 잘라 준비해 둡니다.
2. 어깨를 박습니다.
3. 목둘레에 덧댐천을 붙입니다.
4. 옆선을 박습니다.
5. 진동둘레 부분을 마무리합니다.
6. 밑단을 두 겹 접어 박습니다.

만드는 방법
• 단위는 cm

2. 어깨 박기

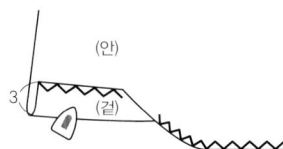

② 시접은 2장을 한꺼번에 지그재그로 박습니다.
① 앞, 뒤 몸판을 겉끼리 마주 대고 어깨를 시접 1cm로 박습니다.

2. 이어서

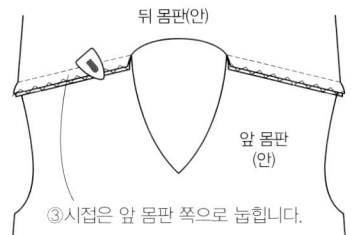

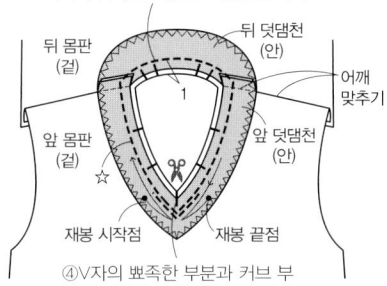

3. 목둘레에 덧댐천 붙이기

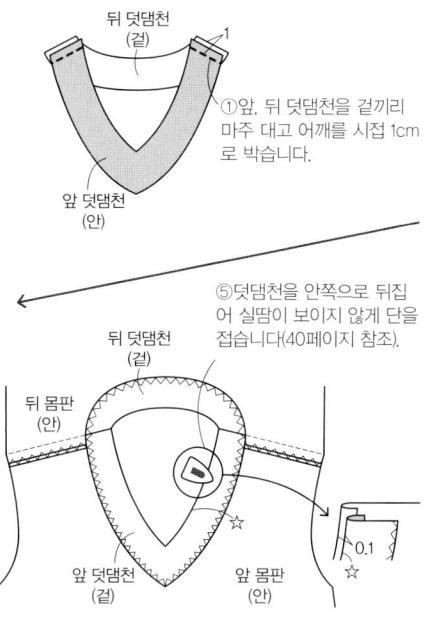

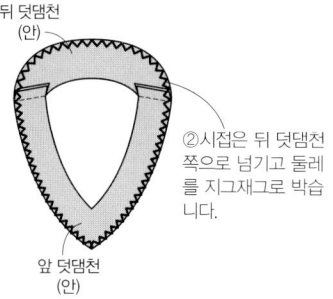

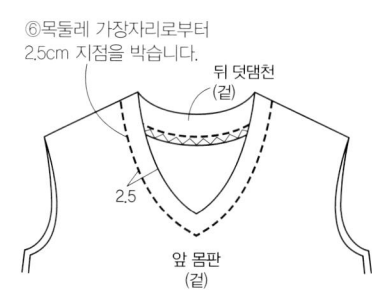

4. 옆선 박기

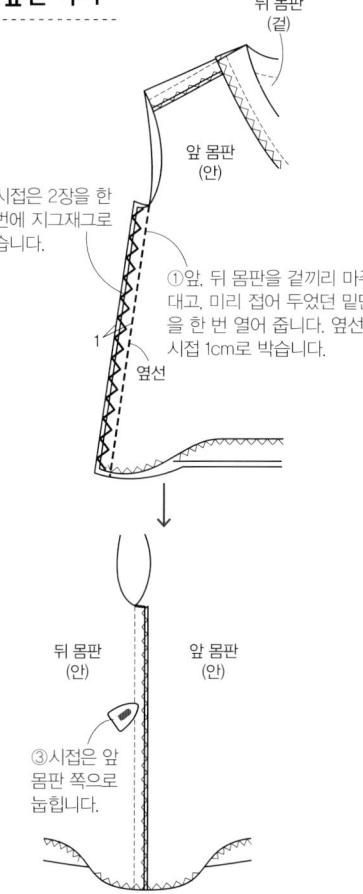

5. 진동둘레 마무리하기

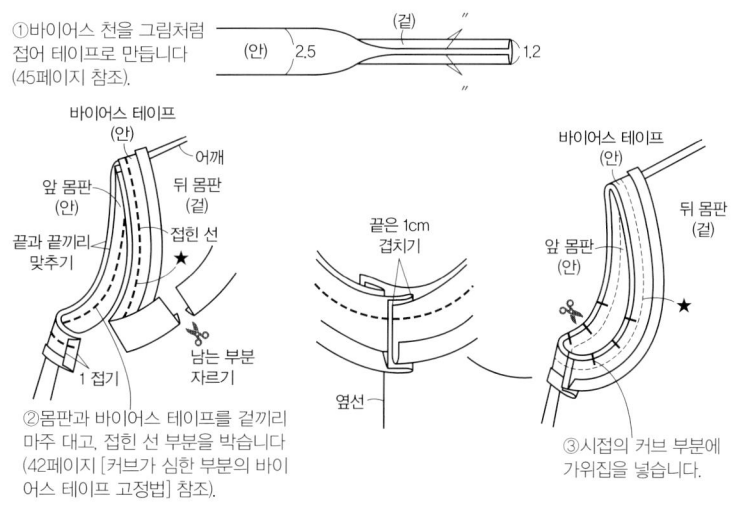

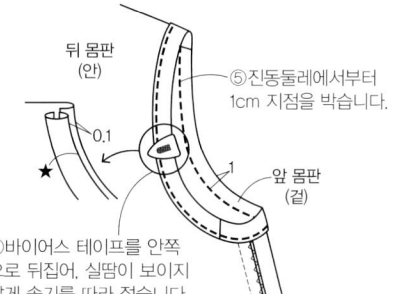

6. 밑단 두 겹 접어 박기

※ 39페이지 [밑단이 퍼지는 디자인의 밑단 처리] 참조

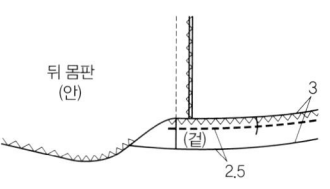

더블 포켓 팬츠 Photo P17, 29

재료 • 왼쪽부터 S/M/L/XL
- 28페이지의 팬츠를 기준으로 하며, [ ]안은 17페이지의 팬츠입니다. 그 외에는 모두 동일합니다.
- 코튼 트윌 원단 [코튼 치노 원단]
  … 폭 110cm [147cm]×200/200/220/220 [140/140/150/150] cm
- 폭 3cm의 납작 고무줄 … 67/70/73/76cm
- 얇은 접착심지 … 2cm×17cm 2장, 1cm×27cm 2장

실물 크기 패턴
A면 [5] 〈1~4〉
1-바지 앞판 2-바지 뒤판
3-앞주머니 4-뒷주머니

완성 사이즈 • 왼쪽부터 S/M/L/XL
바지 기장 = 96.2/96.7/99.3/99.8cm

마름질 방법 • 위에서부터 S/M/L/XL

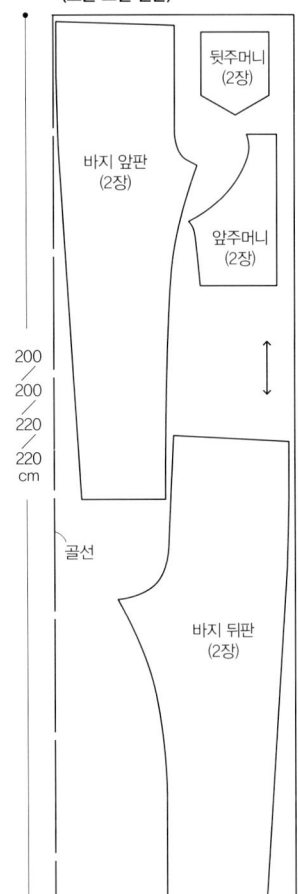

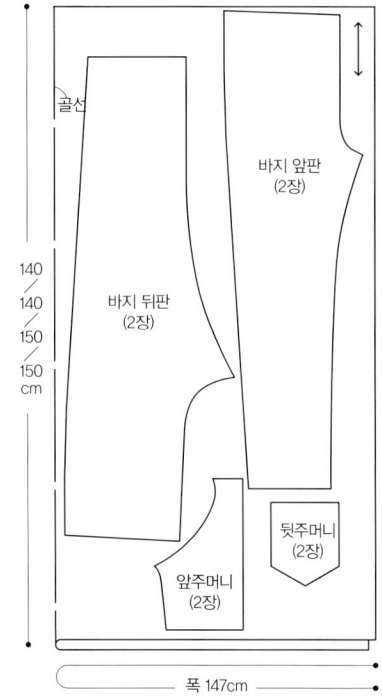

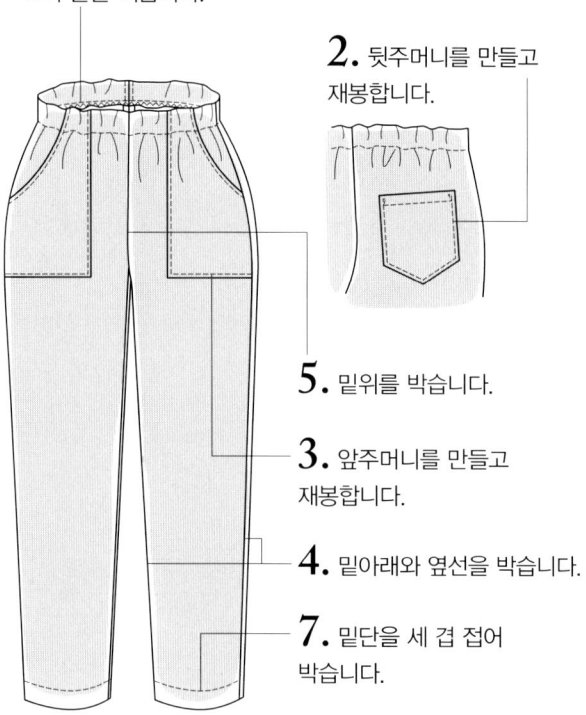

재봉 순서

1. 마름질 방법을 참고해 원단을 잘라 준비해 둡니다.
2. 뒷주머니를 만들고 재봉합니다.
3. 앞주머니를 만들고 재봉합니다.
4. 밑아래와 옆선을 박습니다.
5. 밑위를 박습니다.
6. 허리를 두 겹 접어 박은 후 고무줄을 끼웁니다.
7. 밑단을 세 겹 접어 박습니다.

사전 준비 • 단위는 cm

• 주머니 입구에 접착심지를 붙인 후 지그재그로 박습니다.

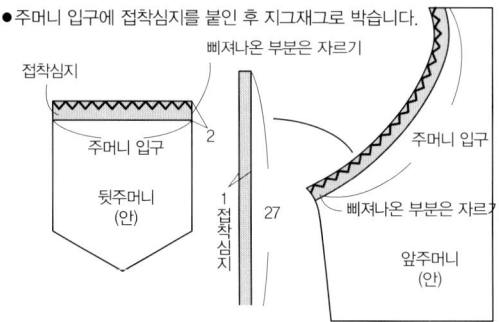

• 바지 앞, 뒷판의 밑단을 세 겹 접습니다.

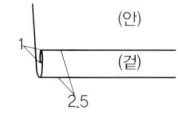

만드는 방법 • 단위는 cm

2. 뒷주머니 만들고, 재봉해 달기

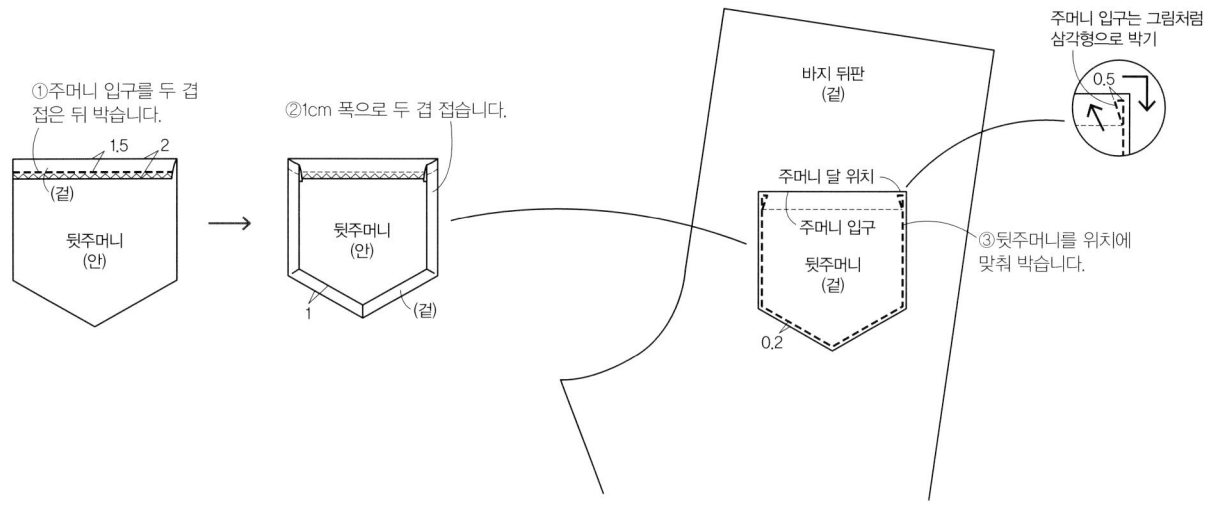

3. 앞주머니 만들고, 재봉해 달기

4. 밑아래, 옆선 박기

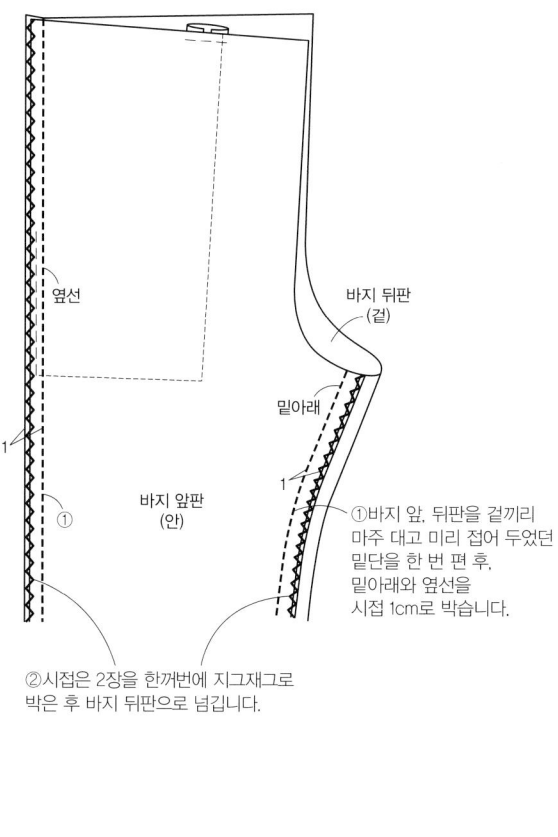

5. 밑위 박기

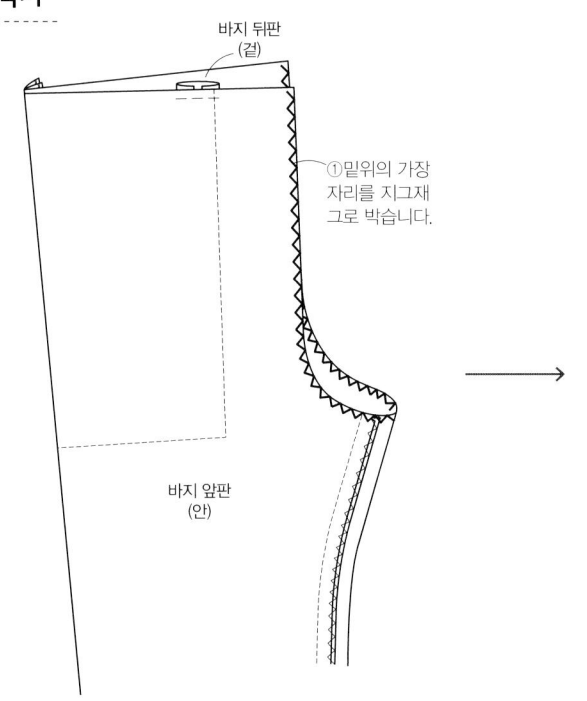
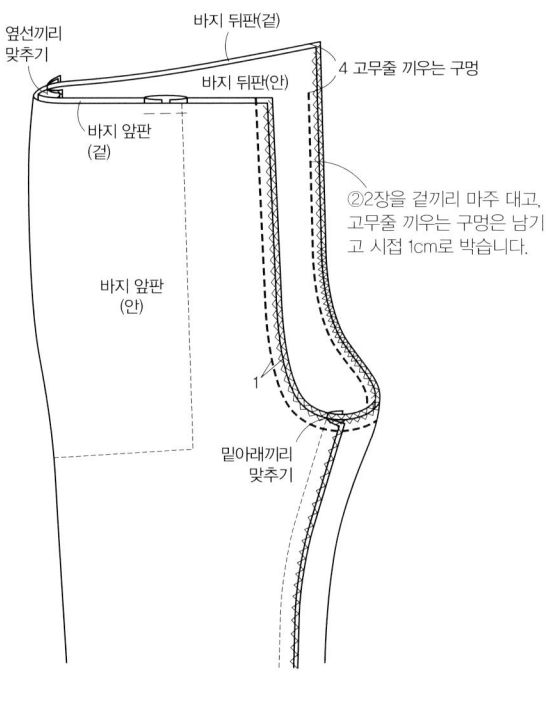

6. 허리를 두 겹 접어 박고, 고무줄 끼우기

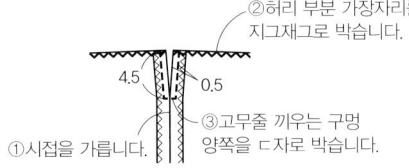
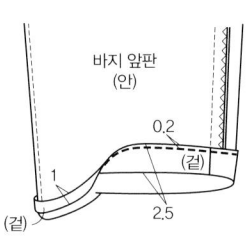
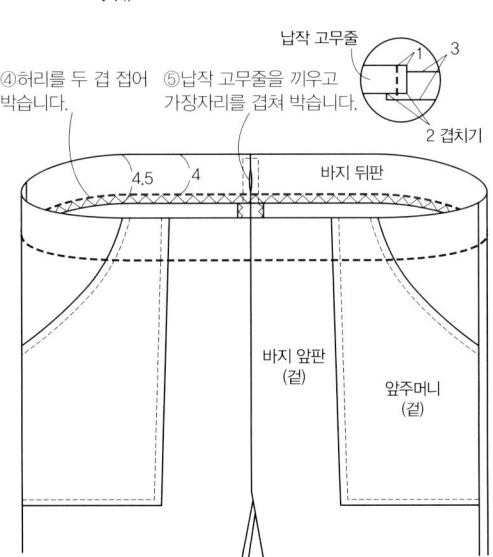

7. 밑단 세 겹 접어 박기

올인원 Photo P12

재료 • 왼쪽부터 S/M/L/XL

- 펀치 니트 원단 … 폭 165cm×190/190/200/200cm
- 폭 1cm의 납작 고무줄 … 77/80/83/86cm
- 내경 1.2cm의 D링 … 4개

실물 크기 패턴

B면 [9] 〈1~4〉
1-앞 몸판 2-뒤 몸판
3-바지 앞판 4-바지 뒤판

완성 사이즈 • 왼쪽부터 S/M/L/XL

가슴둘레 = 95/98/102/108cm
총장 = 122/123/126/127cm
(어깨끈 제외)

마름질 방법 • 단위는 cm • 위에서부터 S/M/L/XL
• 42페이지 [니트 원단 다루는 요령] 참조

※바이어스 천은 원단에 직접 선을 그려 자릅니다.

재봉 순서

1. 마름질 방법을 참고해 원단을 잘라 준비해 둡니다.
2. 몸판의 위쪽 가장자리 부분을 바이어스 테이프로 두릅니다.
3. 몸판의 옆선을 박습니다.
4. 진동둘레를 바이어스 테이프로 두르고, 어깨끈을 답니다.
5. 바지의 옆선과 밑아래를 박습니다.
6. 밑위를 박습니다.
7. 몸판에 바지를 달고, 고무줄을 끼웁니다.
8. 밑단을 두 겹 접어 박습니다.

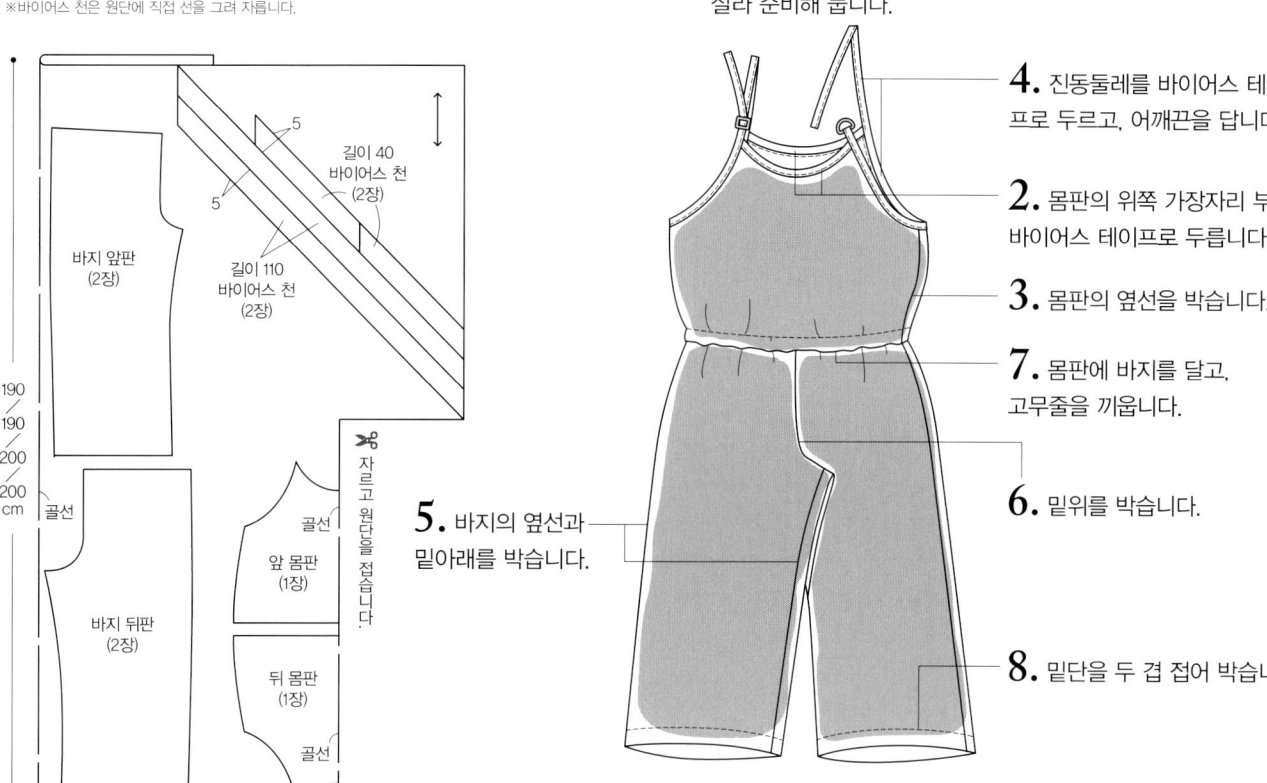

사전 준비 • 단위는 cm

● 바지 앞, 뒤판의 밑단을 지그재그로 박고, 폭 3cm로 두 겹 접습니다.

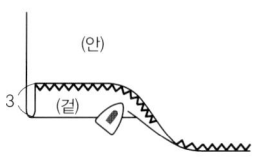

만드는 방법 • 단위는 cm

2. 몸판의 위쪽 가장자리를 바이어스 테이프로 두르기

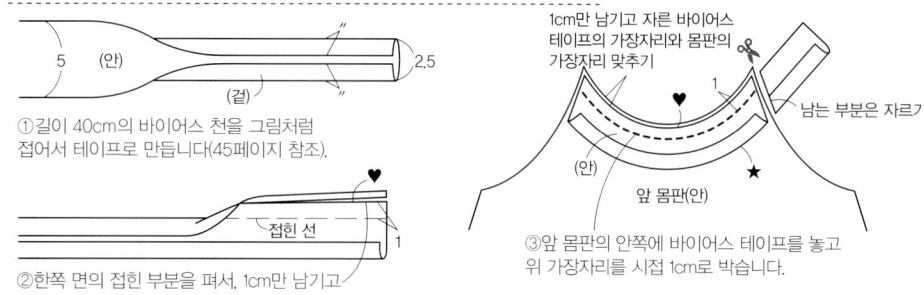

①길이 40cm의 바이어스 천을 그림처럼 접어서 테이프로 만듭니다(45페이지 참조).

②한쪽 면의 접힌 부분을 펴서, 1cm만 남기고 자릅니다.

③앞 몸판의 안쪽에 바이어스 테이프를 놓고 위 가장자리를 시접 1cm로 박습니다.

2. 이어서

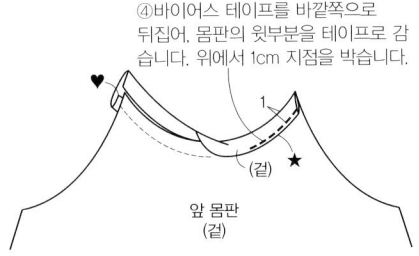

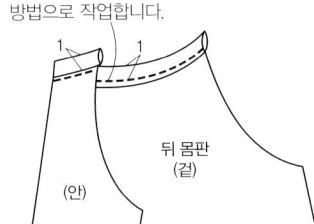

3. 몸판의 옆선 박기

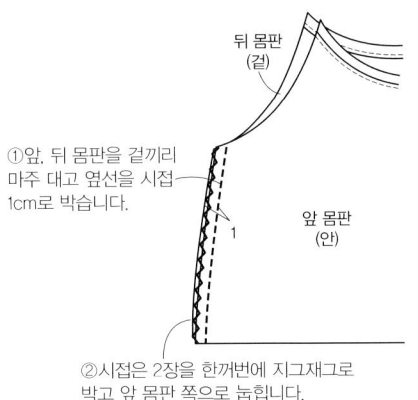

4. 진동둘레를 바이어스 테이프로 두르고 어깨끈 달기

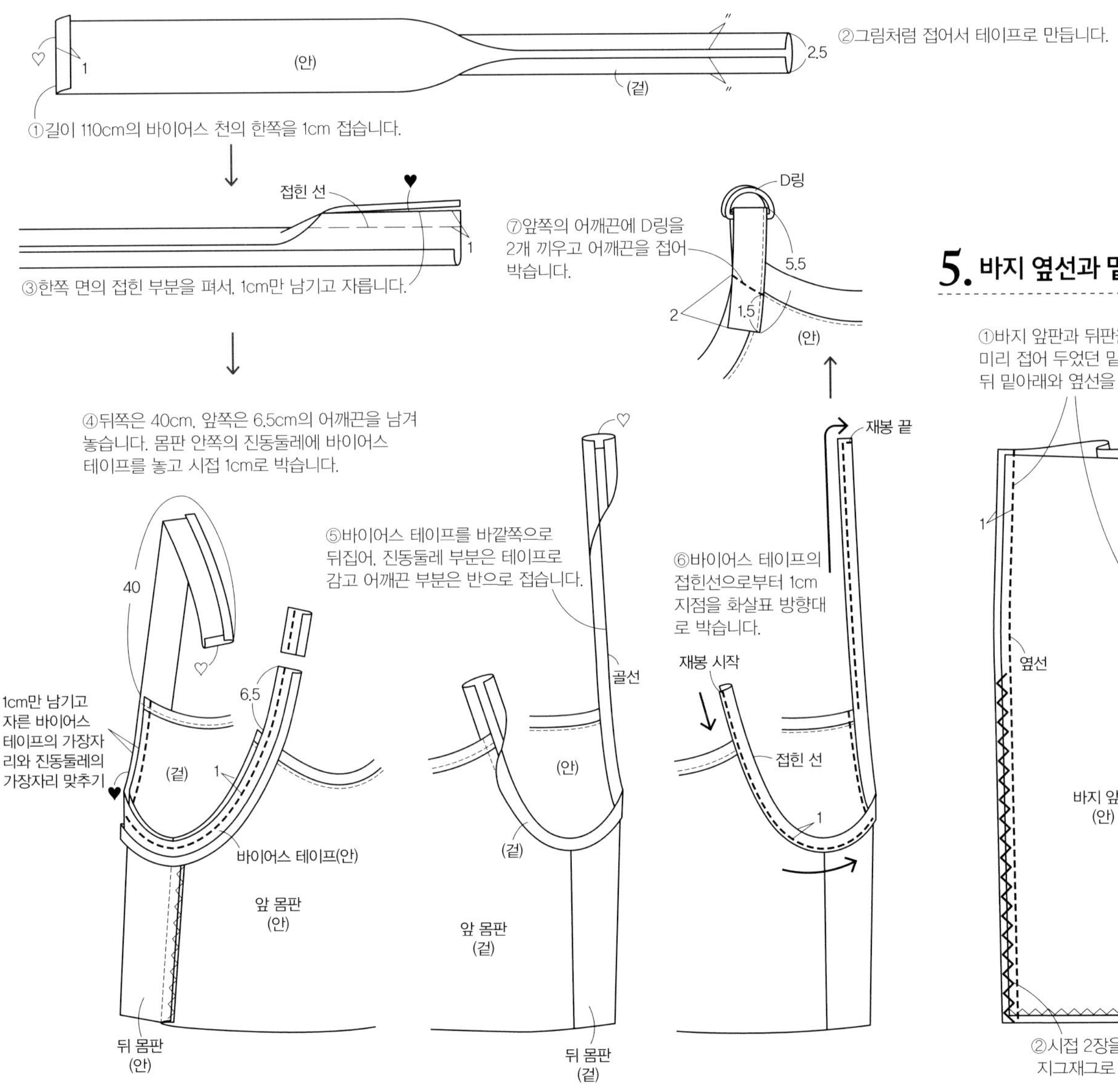

5. 바지 옆선과 밑아래 박기

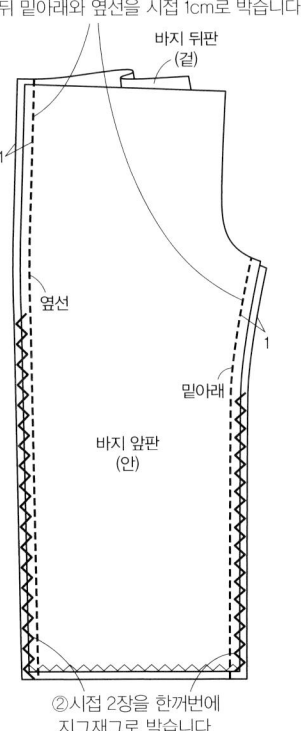

5. 이어서

6. 밑위 박기

7. 몸판에 바지 달고, 고무줄 끼우기

8. 밑단 두 겹 접어 박기

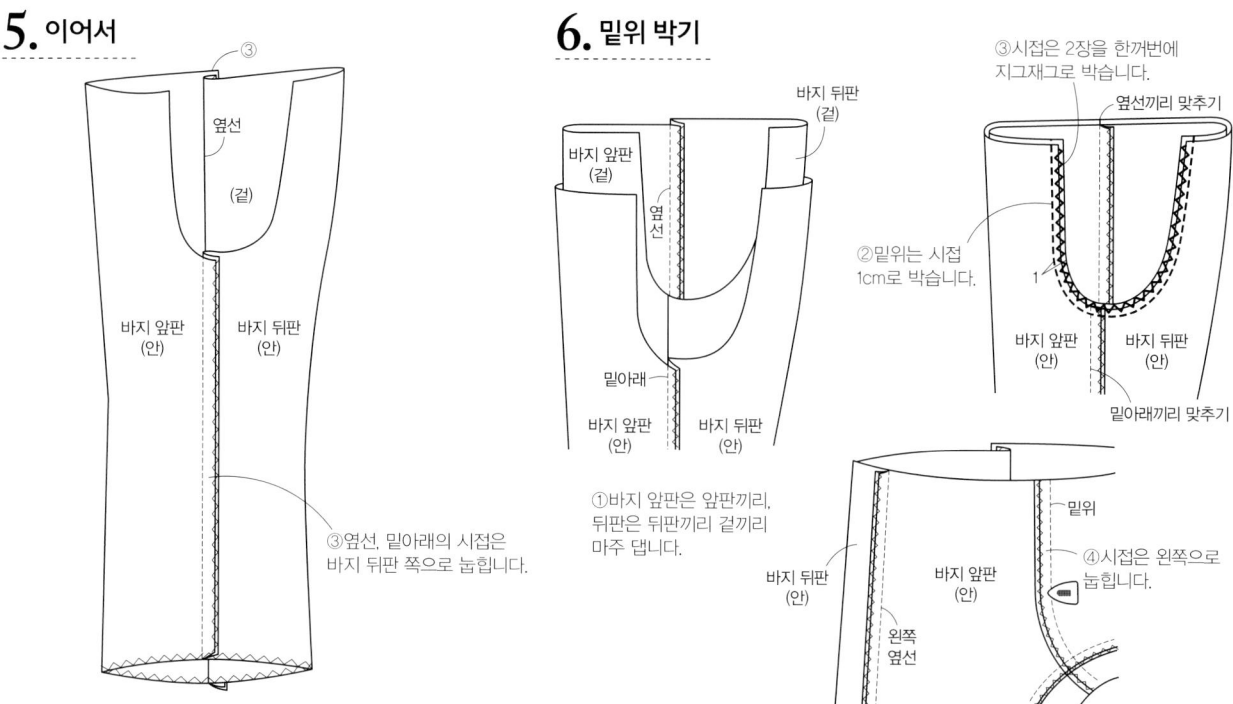

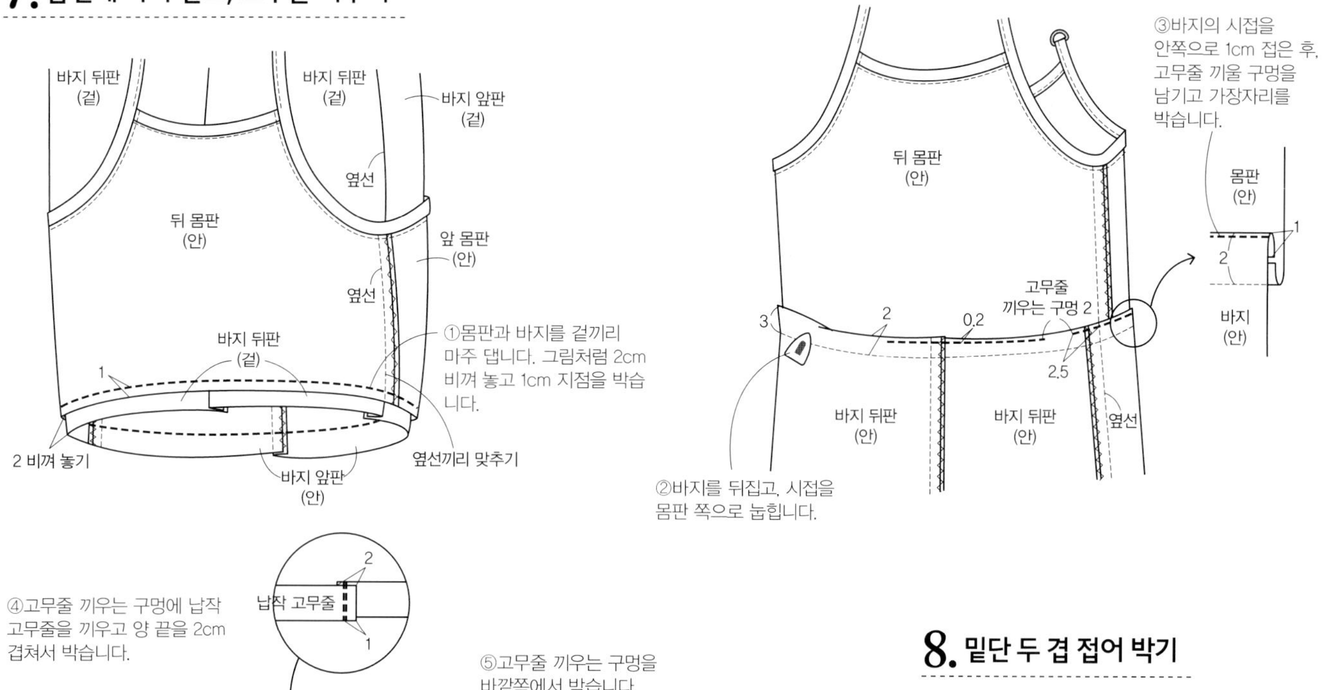

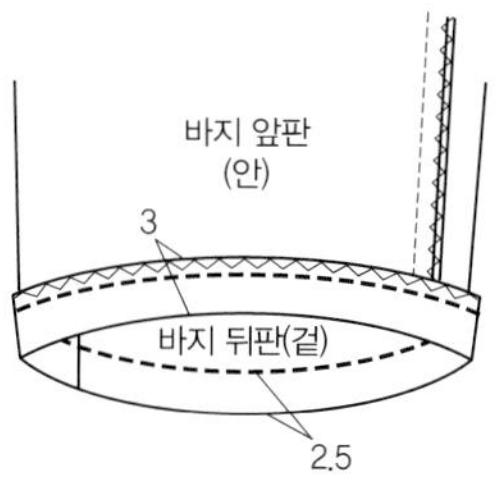

래글런 슬리브 풀오버 Photo P29
래글런 슬리브 원피스 Photo P10

〈재료〉 •왼쪽부터 S/M/L/XL

〈래글런 슬리브 풀오버〉
- 코튼 론 원단
  … 폭 110cm×200/200/210/210cm
- 폭 1.5cm의 납작 고무줄
  … 12.5/13/13.5/14cm 2개
- 폭 0.8cm의 납작 고무줄
  … 27/27/28/28cm 2개
- 얇은 접착심지 … 20cm×30cm

〈래글런 슬리브 원피스〉
- 린넨 원단
  … 폭 110cm×200/210/210/220cm
- 코튼레이스 원단
  … 폭 104cm×110/110/120/120cm
- 폭 1.5cm의 납작 고무줄
  … 12.5/13/13.5/14cm 2개
- 폭 0.8cm의 납작 고무줄
  … 27/27/28/28cm 2개
- 얇은 접착심지 … 20cm×30cm

〈실물 크기 패턴〉
B면 [7] [8] 〈1~5〉
1- 앞 몸판 2- 뒤 몸판 3- 소매
4- 앞 덧댐천 5- 뒤 덧댐천

〈완성 사이즈〉 •왼쪽부터 S/M/L/XL
가슴둘레 = 105/108/112/118cm
총장 = 풀오버 53/55/57/59cm
원피스 97/99/101/103cm

〈마름질 방법〉 •위에서부터 S/M/L/XL

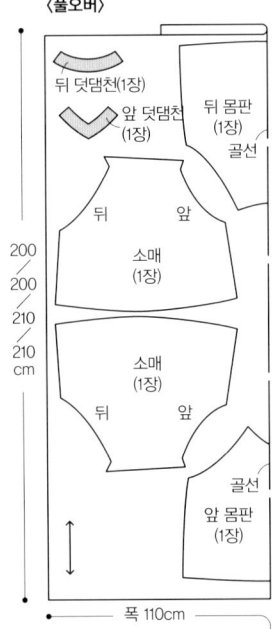

※ ▨는 접착심지입니다.
앞, 뒤 덧댐천은 접착심지를 붙인 후 자릅니다.

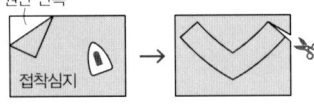

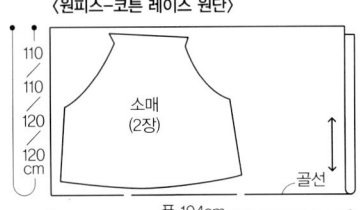

〈재봉 순서〉

1. 마름질 방법을 참고해 원단을 잘라 준비해 둡니다.
2. 소매의 목둘레 쪽을 박고 고무줄을 끼웁니다.
3. 소매를 연결합니다.
4. 몸판의 목둘레에 덧댐천을 붙입니다.
5. 소매아래, 옆선을 박습니다.
6. 소맷부리를 두 겹 접어 박고 고무줄을 끼웁니다.
7. 밑단을 두 겹 접어 박습니다.

〈사전 준비〉 •단위는 cm

- 앞, 뒤 덧댐천의 가장자리를 지그재그로 박습니다.
- 소매의 목둘레 쪽과 소맷부리, 앞, 뒤 몸판의 밑단을 지그재그로 박습니다.
- 소매의 목둘레 부분은 폭 2.5cm, 소맷부리는 폭 2cm, 앞, 뒤 몸판의 밑단은 폭 3cm로 두 겹 접습니다.

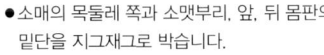
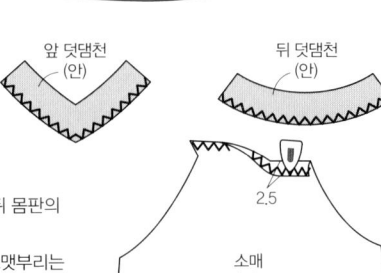
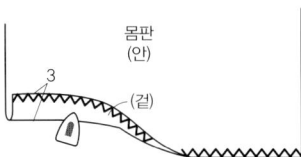

만드는 방법 • 단위는 cm

2. 소매의 목둘레 쪽 박고, 고무줄 끼우기

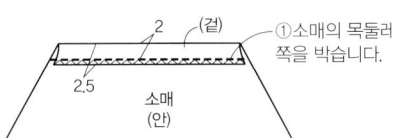

①소매의 목둘레 쪽을 박습니다.

②목둘레에 폭 1.5cm의 납작 고무줄을 한 줄 끼우고 가장자리로부터 0.5cm 부분을 박습니다.

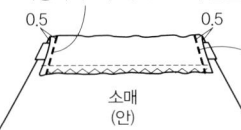

③고무줄을 당겨 시접의 가장자리와 고무줄 가장자리를 맞춘 뒤 끝에서 0.5cm 지점을 박습니다.

3. 소매 달기

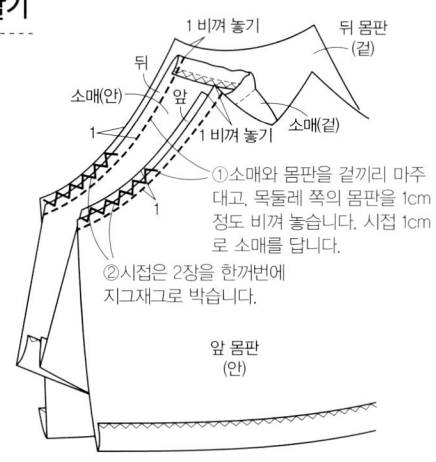

①소매와 몸판을 겉끼리 마주 대고, 목둘레 쪽의 몸판을 1cm 정도 비껴 놓습니다. 시접 1cm로 소매를 답니다.

②시접은 2장을 한꺼번에 지그재그로 박습니다.

4. 몸판의 목둘레에 덧댐천 붙이기

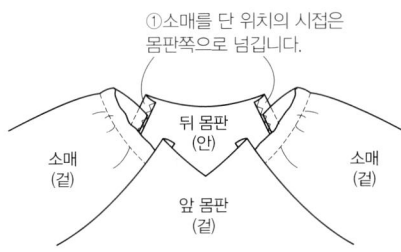

①소매를 단 위치의 시접은 몸판쪽으로 넘깁니다.

②몸판과 덧댐천을 겉끼리 마주 대고 목둘레를 시접 1cm로 박습니다.

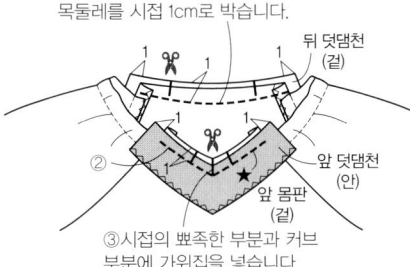

③시접의 뾰족한 부분과 커브 부분에 가위집을 넣습니다.

④앞, 뒤 덧댐천을 안쪽으로 뒤집어 실땀이 보이지 않게 접습니다(40페이지 참조).

⑤앞, 뒤 덧댐천의 양 가장자리를 안쪽으로 1cm 접어 진동의 시접 부분에 감침질합니다.

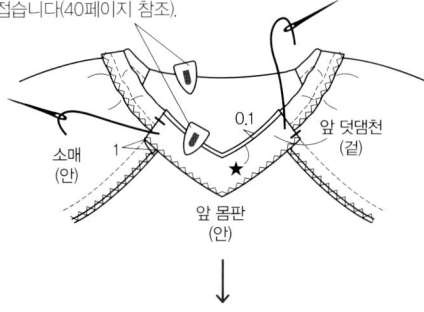

⑥목둘레 가장자리로부터 2.5cm 지점을 박습니다.

5. 소매아래, 옆선 박기

①앞, 뒤 몸판을 겉끼리 마주 댑니다. 미리 접어 두었던 소맷부리와 밑단을 한 번 펴고, 밑단부터 소맷부리까지 시접 1cm로 박습니다.

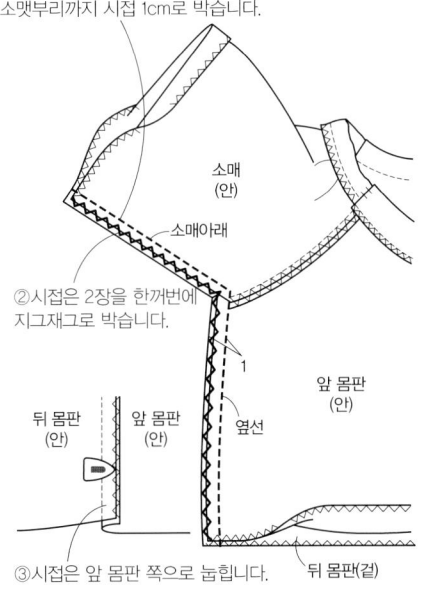

②시접은 2장을 한꺼번에 지그재그로 박습니다.

③시접은 앞 몸판 쪽으로 눕힙니다.

6. 소맷부리 두 겹 접어 박고, 고무줄 끼우기

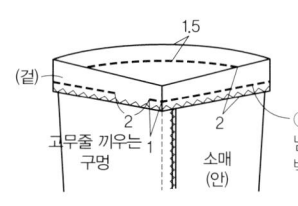

①고무줄 끼우는 구멍을 남겨두고 소맷부리를 박습니다.

②납작 고무줄을 끼우고 양쪽 끝을 2cm 겹쳐 박습니다.

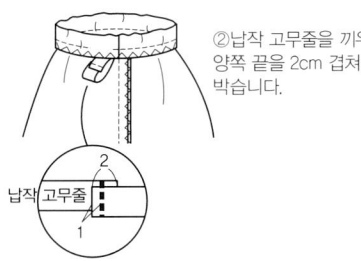

③고무줄 끼우는 구멍을 바깥쪽에서 박습니다.

7. 밑단 두 겹 접어 박기

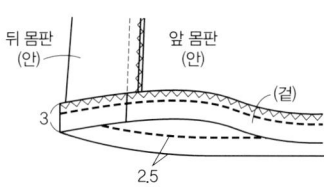

심플 슬립 Photo P13

재료 • 왼쪽부터 S/M/L/XL
• 린넨 원단 … 폭 153cm×110/120/120/130cm

실물 크기 패턴
C면 [14] ⟨1, 2⟩
1-앞 몸판 2-뒤 몸판

완성 사이즈 • 왼쪽부터 S/M/L/XL
가슴둘레 = 87/90/94/100cm
총장 = 약 88/90/92/94cm
(뒤 중심 67.5/69/70.5/72)

마름질 방법 • 단위는 cm • 위에서부터 S/M/L/XL
※ 바이어스 천은 원단에 직접 선을 그려 자릅니다.

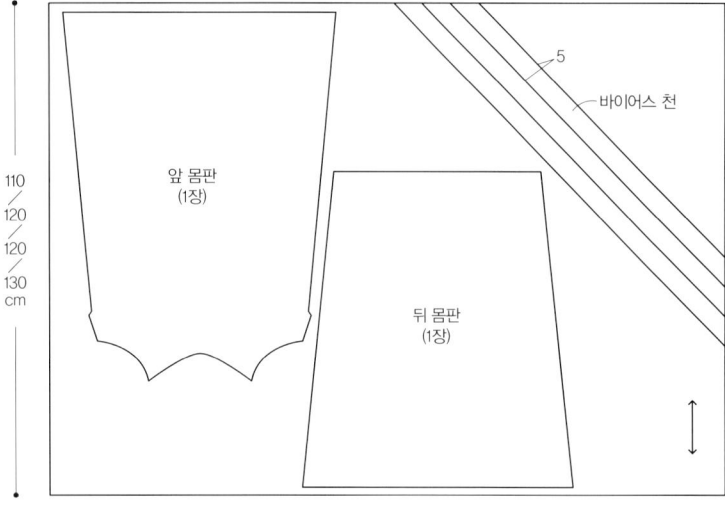

재봉 순서

1. 마름질 방법을 참고해 원단을 잘라 준비해 둡니다.
2. 다트를 박습니다.
3. 앞쪽 커브 부분에 바이어스 테이프를 빙 둘러 붙입니다.
4. 옆선과 슬릿을 박습니다.
5. 어깨끈을 답니다.
6. 밑단을 세 겹 접어 박습니다.

사전 준비 • 단위는 cm • 왼쪽부터 S/M/L/XL
• 바이어스 천을 29/30/30/31cm로 1장 자릅니다.
• 바이어스 천을 이어 길이를 145/150/155/163cm로 만듭니다(45페이지 [바이어스 테이프 만드는 방법과 연결 방법] 참조). 자신의 치수에 맞춰 바이어스 천을 조절해야 하기 때문에 길게 준비합니다.

• 앞, 뒤 몸판의 옆선을 지그재그로 박습니다.

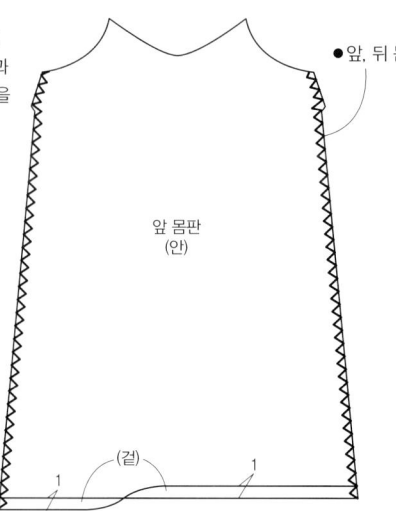
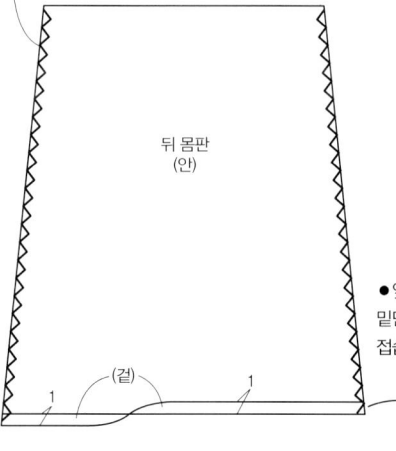

• 앞, 뒤 몸판의 밑단을 폭 1cm로 세 겹 접습니다.

만드는 방법
• 단위는 cm　• 왼쪽부터 S/M/L/XL

2. 다트 박기

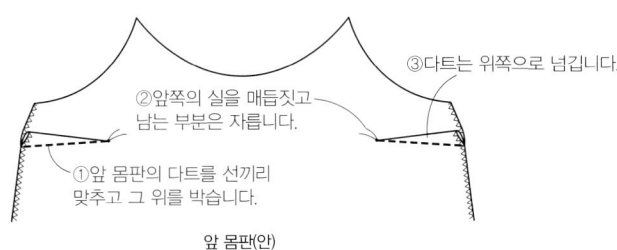

③다트는 위쪽으로 넘깁니다.
②앞쪽의 실을 매듭짓고 남는 부분은 자릅니다.
①앞 몸판의 다트를 선끼리 맞추고 그 위를 박습니다.
앞 몸판(안)

3. 앞쪽 커브를 바이어스 테이프로 두르기

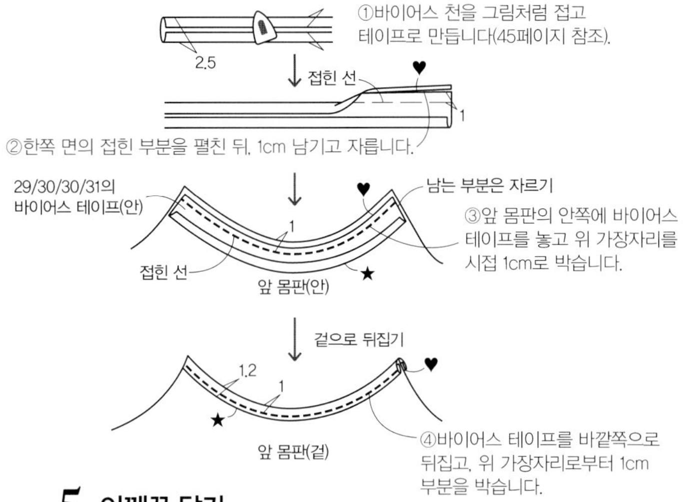

①바이어스 천을 그림처럼 접고 테이프로 만듭니다(45페이지 참조).
접힌 선 2.5
②한쪽 면의 접힌 부분을 펼친 뒤, 1cm 남기고 자릅니다.
29/30/30/31의 바이어스 테이프(안)
접힌 선
남는 부분은 자르기
③앞 몸판의 안쪽에 바이어스 테이프를 놓고 위 가장자리를 시접 1cm로 박습니다.
앞 몸판(안)
겉으로 뒤집기
1.2 1
앞 몸판(겉)
④바이어스 테이프를 바깥쪽으로 뒤집고, 위 가장자리로부터 1cm 부분을 박습니다.

4. 옆선과 슬릿 박기

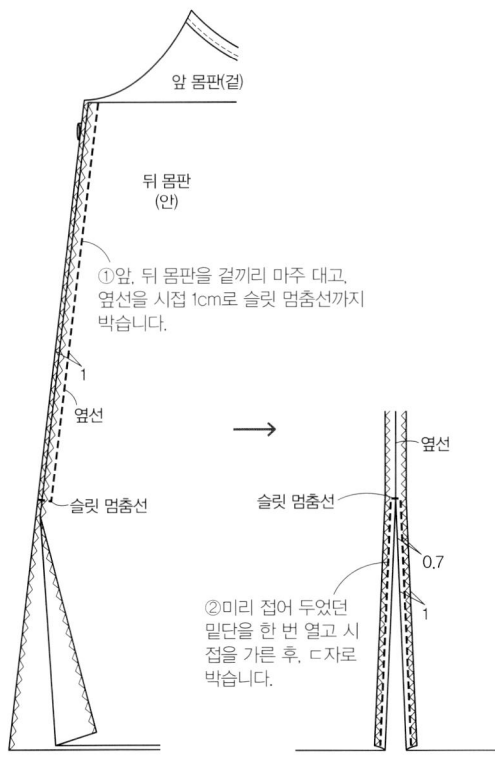

앞 몸판(겉)
뒤 몸판(안)
①앞, 뒤 몸판을 겉끼리 마주 대고, 옆선을 시접 1cm로 슬릿 멈춤선까지 박습니다.
1 옆선
슬릿 멈춤선
슬릿 멈춤선
0.7 1
②미리 접어 두었던 밑단을 한 번 열고 시접을 가른 후, ㄷ자로 박습니다.

5. 어깨끈 달기

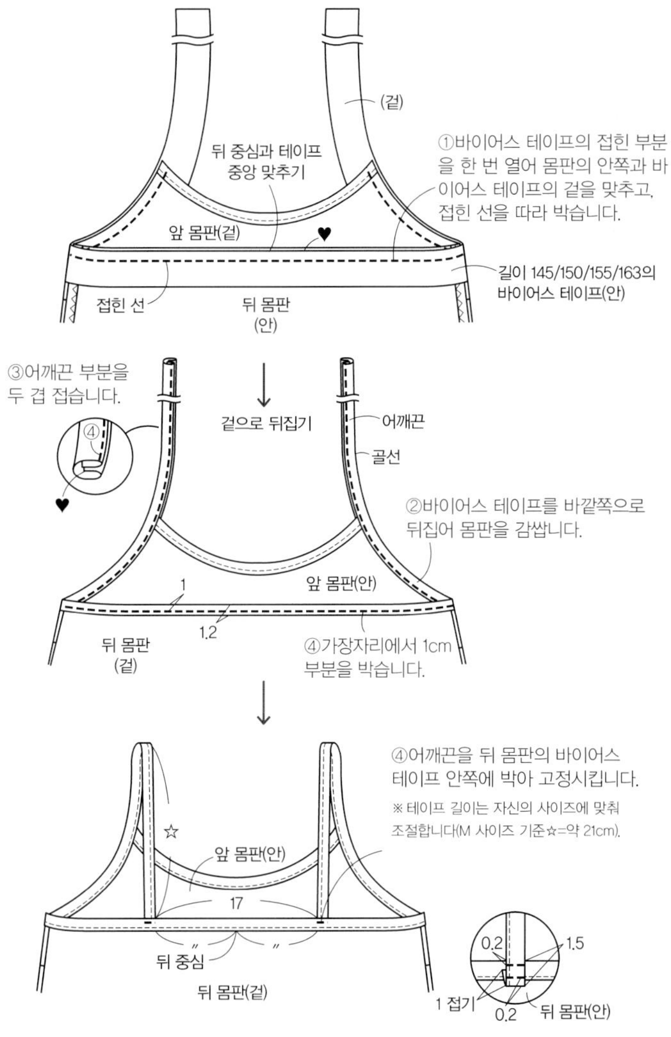

(겉)
뒤 중심과 테이프 중앙 맞추기
앞 몸판(겉)
접힌 선　뒤 몸판(안)
①바이어스 테이프의 접힌 부분을 한 번 열어 몸판의 안쪽과 바이어스 테이프의 겉을 맞추고, 접힌 선을 따라 박습니다.
길이 145/150/155/163의 바이어스 테이프(안)

③어깨끈 부분을 두 겹 접습니다.
겉으로 뒤집기
어깨끈
골선
②바이어스 테이프를 바깥쪽으로 뒤집어 몸판을 감쌉니다.
1　앞 몸판(안)
뒤 몸판(겉)　1.2
④가장자리에서 1cm 부분을 박습니다.

④어깨끈을 뒤 몸판의 바이어스 테이프 안쪽에 박아 고정시킵니다.
※ 테이프 길이는 자신의 사이즈에 맞춰 조절합니다(M 사이즈 기준 ☆=약 21cm).
☆ 앞 몸판(안)
17
뒤 중심
뒤 몸판(겉)
0.2 1.5
1 접기 0.2 뒤 몸판(안)

6. 밑단 세 겹 접어 박기

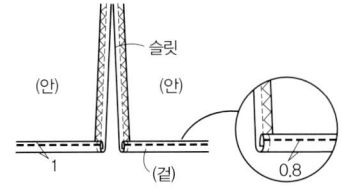

슬릿
(안)　(안)
1 (겉) 0.8

리본 블라우스 Photo **P18**

V넥 원피스(긴팔) Photo **P32**

재료
• 왼쪽부터 S/M/L/XL

〈리본 블라우스〉
• 린넨 레이온 원단
  … 폭 150cm × 110/110/120/120cm
• 얇은 접착심지 … 10cm × 10cm

〈V넥 원피스(긴팔)〉
• 코튼 실크 원단
  … 폭 142cm × 260cm
• 얇은 접착심지 … 30cm × 40cm

실물 크기 패턴
A면 [2] 〈1~3〉 [4] 〈1~5〉
1- 앞 몸판 2-뒤 몸판 3-앞 덧댐천
4- 뒤 덧댐천 5-소매

완성 사이즈
• 왼쪽부터 S/M/L/XL
가슴둘레 = 100.7/103.7/107.7/113.7cm
총장 = 블라우스 59/61/63/65cm
     원피스 110.5/112.5/114.5/116.5cm

마름질 방법
• 단위는 cm • 위 또는 왼쪽부터 S/M/L/XL

※ 칼라와 바이어스 천은 원단에 식섭 선을 그려 자릅니다.

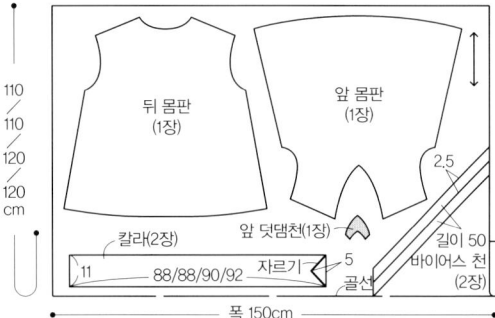

※ ▨ 는 접착심지입니다. 앞 덧댐천은 접착심지를 붙인 후 자릅니다.

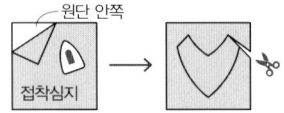

사전 준비
• 단위는 cm

• 앞 덧댐천의 가장자리를 지그재그로 박습니다.

• 앞, 뒤 몸판의 밑단을 지그재그로 박고 폭 3cm로 두 겹 접습니다.

재봉 순서

1. 마름질 방법을 참고해 원단을 잘라 준비해 둡니다.

2. 앞쪽 목둘레에 덧댐천을 붙입니다.

3. 어깨를 박습니다.

4. 칼라를 답니다.

5. 옆선을 박습니다.

6. 진동둘레를 마무리합니다.

7. 밑단을 두 겹 접어 박습니다.

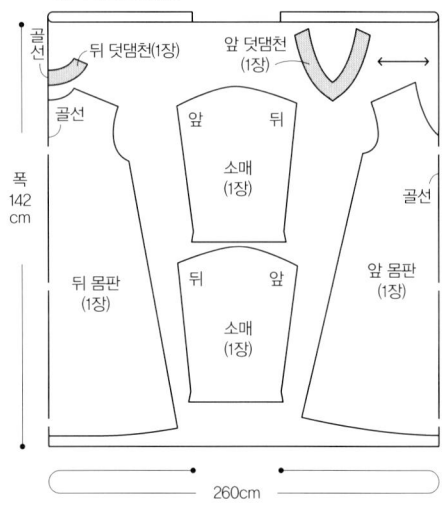

※ ▨ 는 접착심지입니다. 앞 덧댐천은 접착심지를 붙인 후 자릅니다.

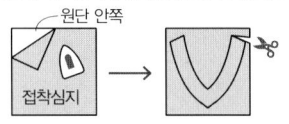

사전 준비
• 단위는 cm

• 소맷부리와 앞, 뒤 몸판의 밑단을 지그재그로 박고, 3cm 폭으로 두 겹 접습니다.

1. 마름질 방법을 참고해 원단을 잘라 준비해 둡니다.

2. 어깨를 박습니다.

3. 목둘레에 덧댐천을 답니다.

4. 소매를 답니다.

5. 소매아래, 옆선을 박습니다.

6. 소맷부리를 두 겹 접어 박습니다.

7. 밑단을 두 겹 접어 박습니다.

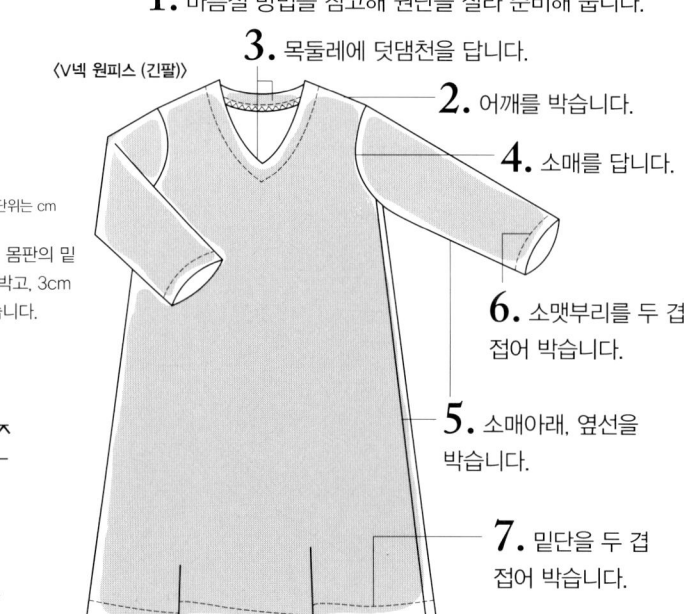

만드는 방법 • 단위는 cm

〈리본 블라우스〉

2. 앞쪽 목둘레에 덧댐천 붙이기

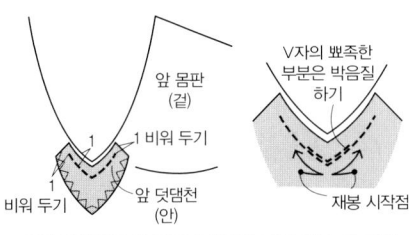
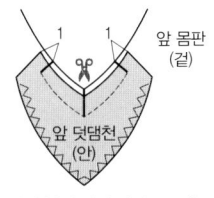
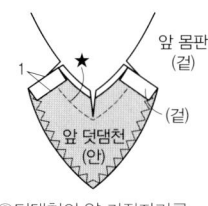
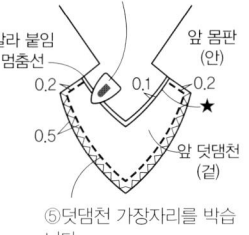

①앞 덧댐천을 앞 몸판과 겉끼리 마주 대고, 양 가장자리를 1cm 남깁니다. 화살표 방향대로 시접 1cm로 박습니다.

②덧댐천의 가장자리로부터 1cm 지점과 V자의 뾰족한 부분에 가위집을 냅니다.

③덧댐천의 양 가장자리를 안쪽으로 1cm 접습니다.

④덧댐천을 안쪽으로 뒤집고, 실땀이 보이지 않게 단을 접습니다(40페이지 참조).

⑤덧댐천 가장자리를 박습니다.

3. 어깨 박기

46페이지 2번과 같은 방법으로 박습니다.

4. 칼라 달기

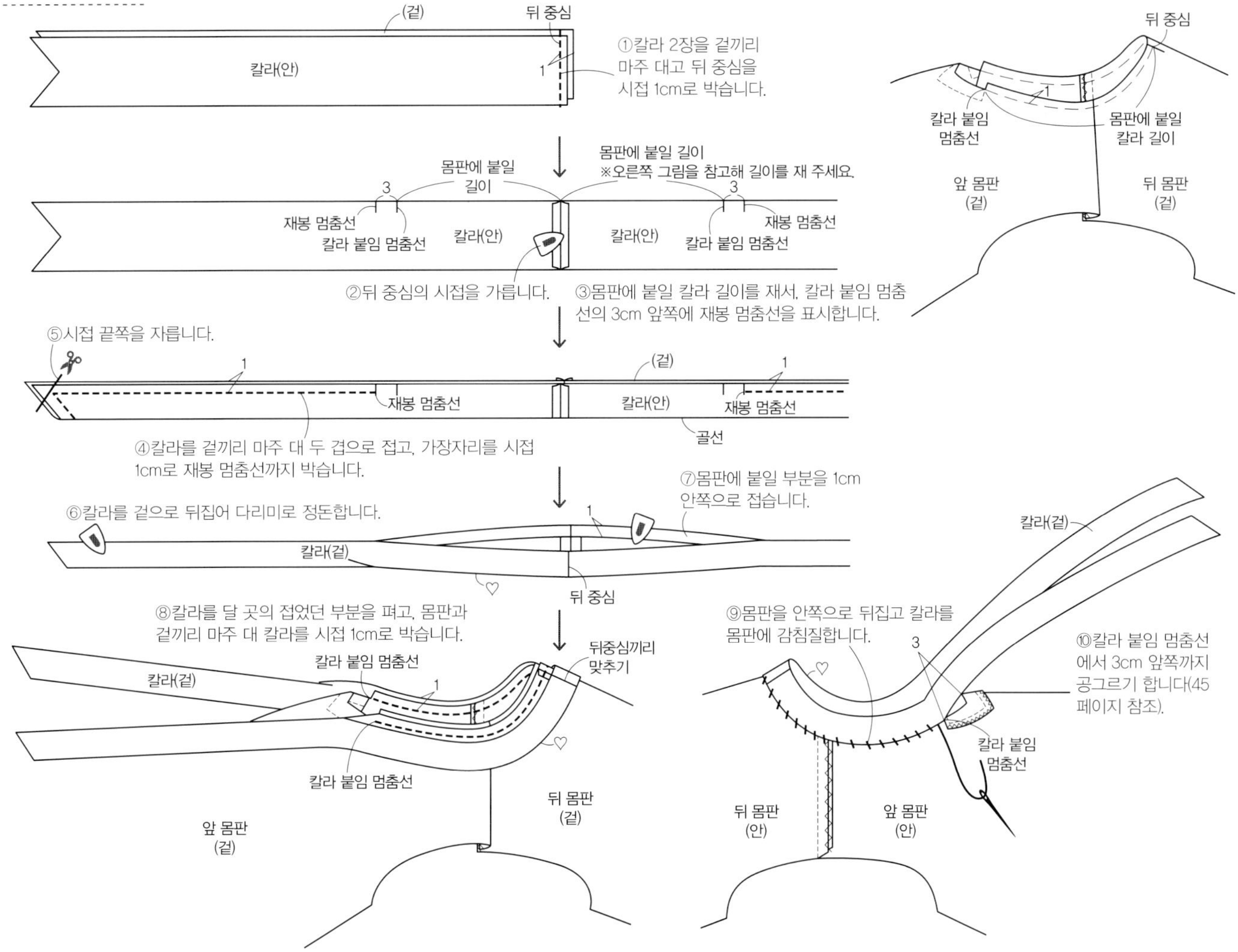

①칼라 2장을 겉끼리 마주 대고 뒤 중심을 시접 1cm로 박습니다.

②뒤 중심의 시접을 가릅니다.

③몸판에 붙일 칼라 길이를 재서, 칼라 붙임 멈춤선의 3cm 앞쪽에 재봉 멈춤선을 표시합니다.

④칼라를 겉끼리 마주 대 두 겹으로 접고, 가장자리를 시접 1cm로 재봉 멈춤선까지 박습니다.

⑤시접 끝쪽을 자릅니다.

⑥칼라를 겉으로 뒤집어 다리미로 정돈합니다.

⑦몸판에 붙일 부분을 1cm 안쪽으로 접습니다.

⑧칼라를 달 곳의 접었던 부분을 펴고, 몸판과 겉끼리 마주 대 칼라를 시접 1cm로 박습니다.

⑨몸판을 안쪽으로 뒤집고 칼라를 몸판에 감침질합니다.

⑩칼라 붙임 멈춤선에서 3cm 앞쪽까지 공그르기 합니다(45페이지 참조).

5. 옆선 박기

47페이지 4번과 같은 방법으로 박습니다.

6. 진동둘레 마무리하기

47페이지 5번과 같은 방법으로 박습니다.

7. 밑단 두 겹 접어 박기

47페이지 6번과 같은 방법으로 박습니다.

만드는 방법 • 단위는 cm

〈V넥 원피스(긴팔)〉

2. 어깨 박기
46페이지 2번과 같은 방법으로 박습니다.

3. 목둘레에 덧댐천 달기
47페이지 3번과 같은 방법으로 박습니다.

4. 소매 달기

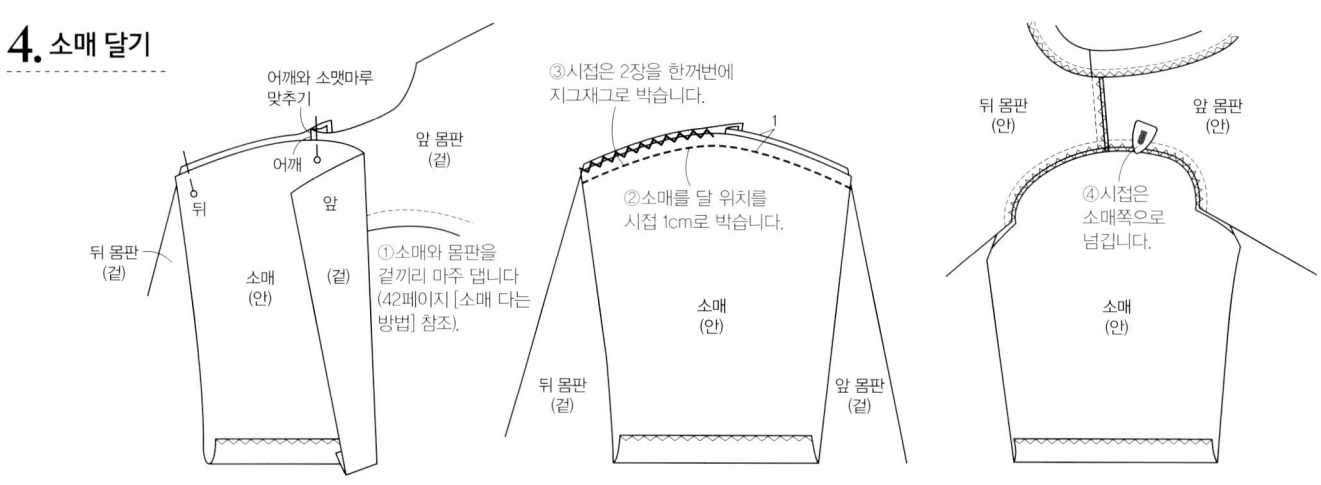

5. 소매 아래, 옆선 박기

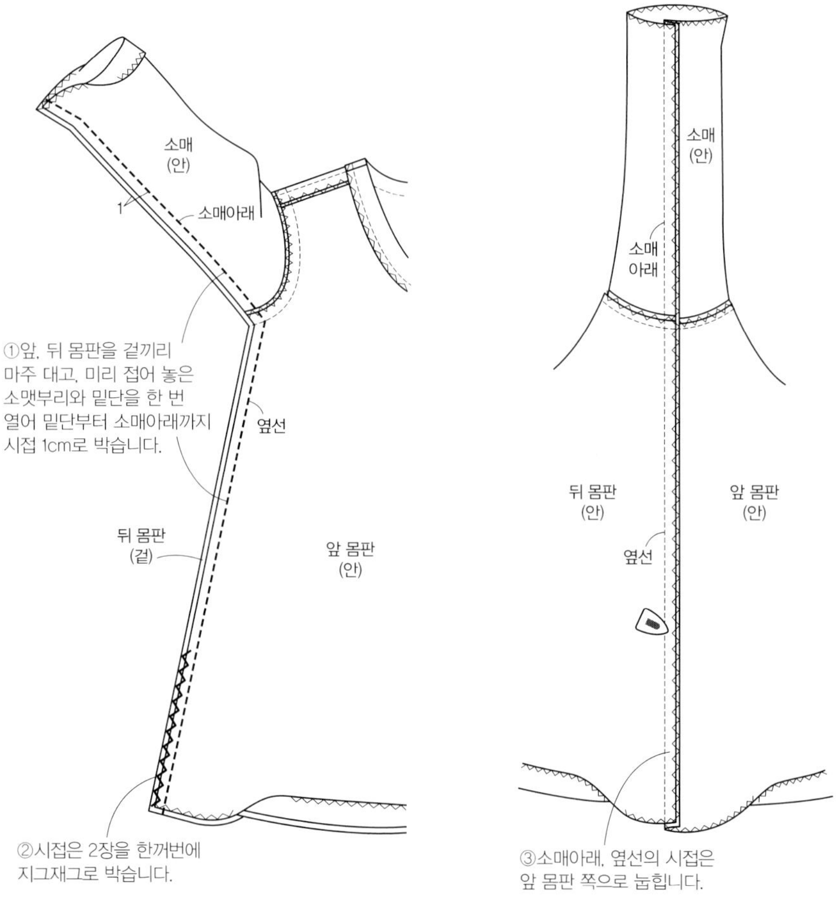

6. 소맷부리 두 겹 접어 박기

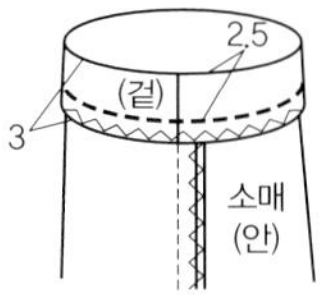

7. 밑단 두 겹 접어 박기
※ 39페이지 [밑단이 퍼지는 디자인의 밑단 마무리] 참조

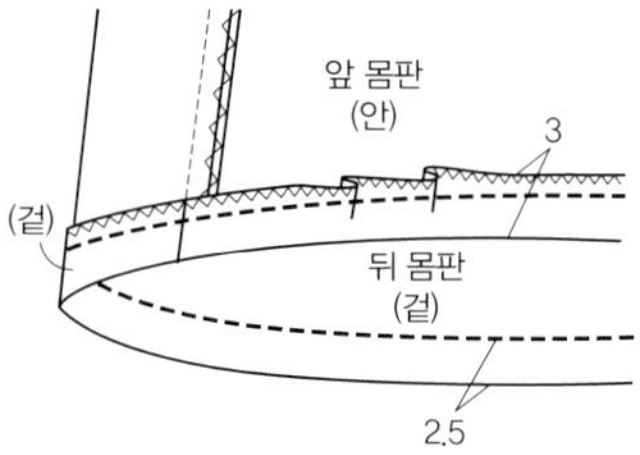

밑단 고무줄 팬츠 Photo **P20**

재료 • 왼쪽부터 S/M/L/XL

- 텐셀 레이온 원단 … 폭 130cm×190/190/210/210cm
- 폭 3cm의 납작 고무줄 … 67/70/73/76cm
- 폭 2.5cm의 납작 고무줄 … 39.5/40/40.5/41cm 2장
- 얇은 접착심지 … 1.5cm×16.5cm 2장

실물 크기 패턴

C면 [16] 〈1~3〉
1-바지 앞판 2-바지 뒤판
3-주머니 안감

완성 사이즈 • 왼쪽부터 S/M/L/XL

바지 기장 = 92.5/93/95.5/96cm

마름질 방법 • 위에서부터 S/M/L/XL

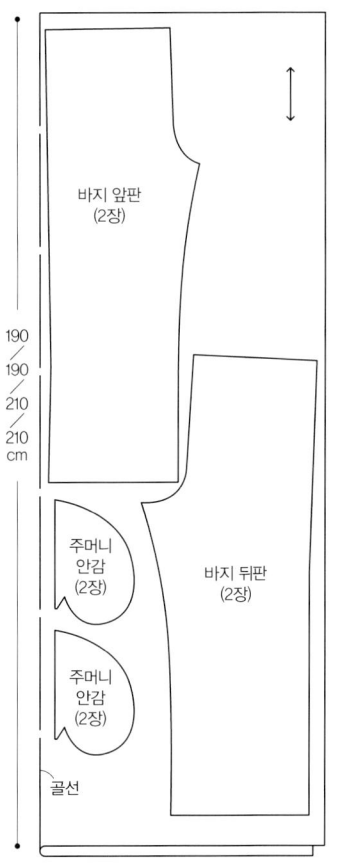

재봉 순서

1. 마름질 방법을 참고해 원단을 잘라 준비해 둡니다.

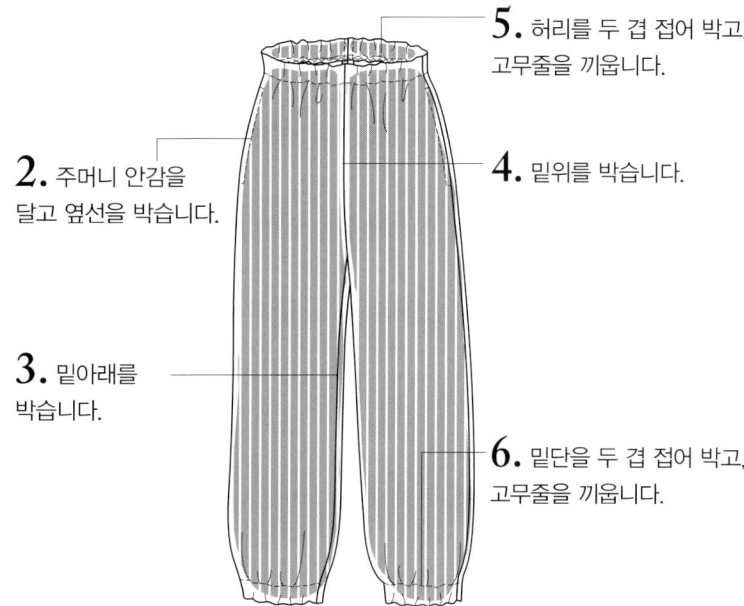

2. 주머니 안감을 달고 옆선을 박습니다.
3. 밑아래를 박습니다.
4. 밑위를 박습니다.
5. 허리를 두 겹 접어 박고, 고무줄을 끼웁니다.
6. 밑단을 두 겹 접어 박고, 고무줄을 끼웁니다.

사전 준비 • 단위는 cm

● 바지 앞판의 주머니 입구에 접착심지를 붙입니다.

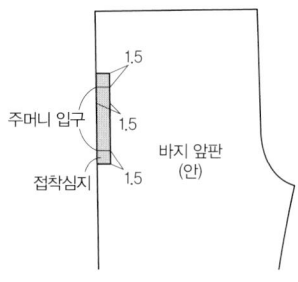

● 주머니 안감의 직선 부분을 지그재그로 박습니다.

● 바지 앞, 뒤판의 옆선과 밑단을 지그재그로 박습니다.

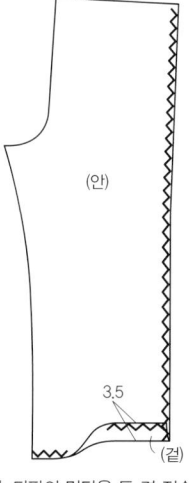

● 바지 앞, 뒤판의 밑단을 두 겹 접습니다.

2. 주머니 안감 달고, 옆선 박기

• 단위는 cm

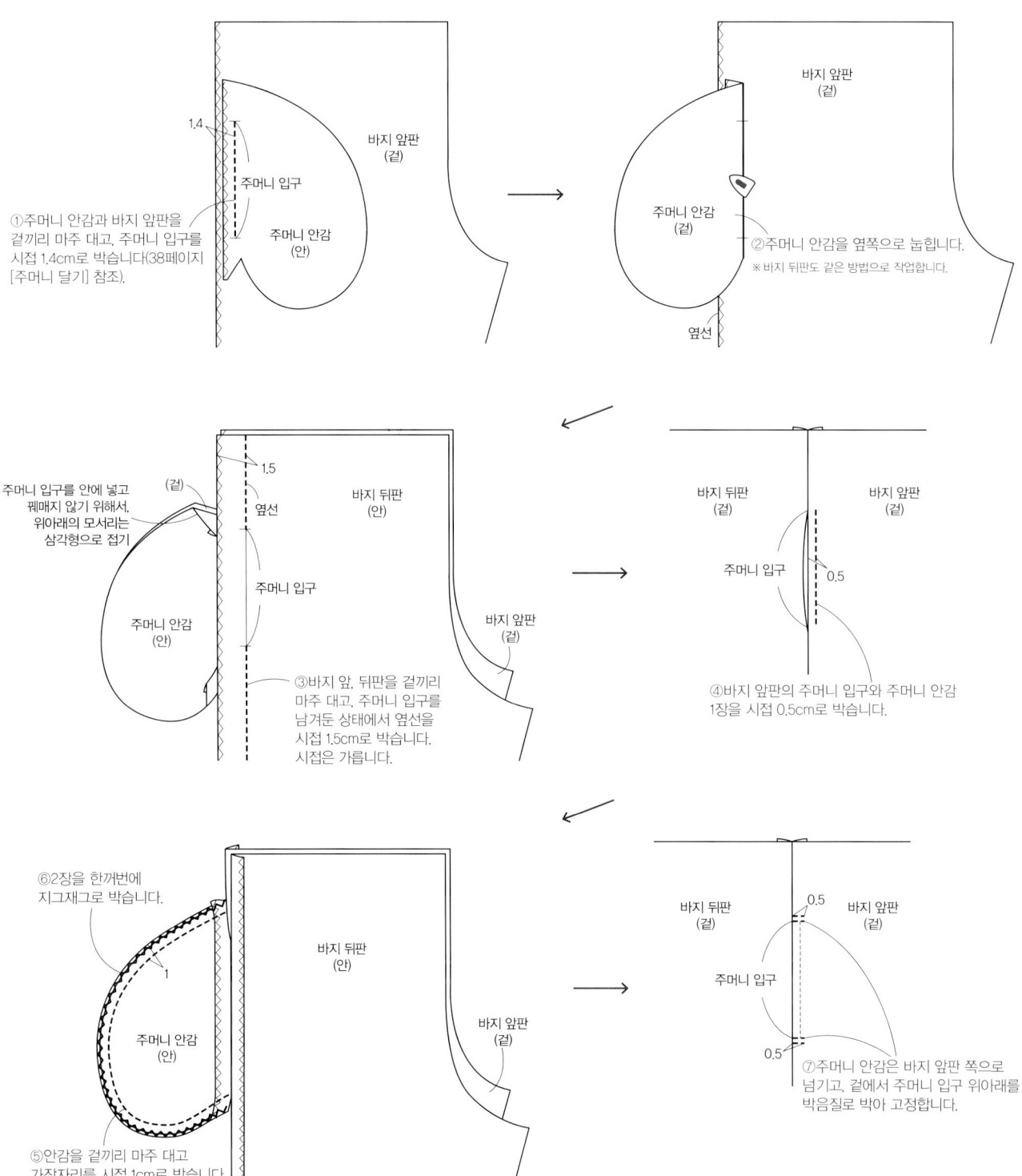

3. 밑아래 박기

4. 밑위 박기

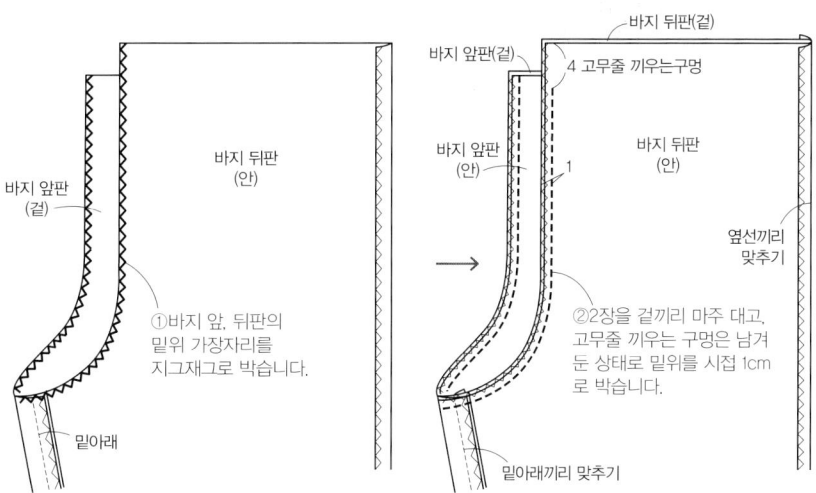

5. 허리 두 겹 접어 박고, 고무줄 끼우기

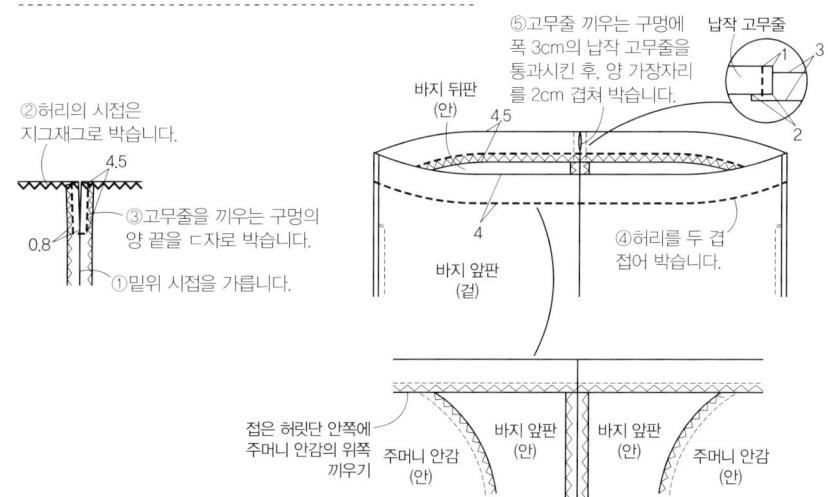

6. 밑단 두 겹 접어 박고, 고무줄 끼우기

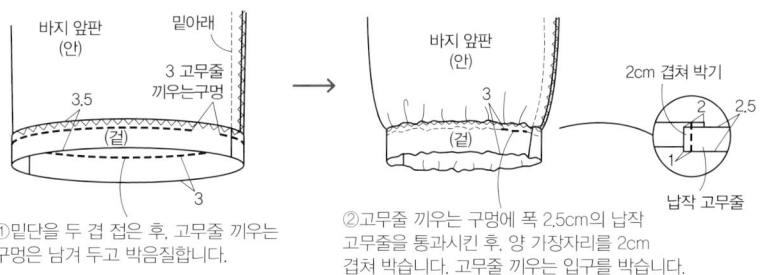

스퀘어 넥 원피스 Photo P14

재료 • 왼쪽부터 S/M/L/XL
- 코튼 새틴 원단 … 폭 108cm×290/290/300/300cm
- 얇은 접착심지 … 40cm×30cm

실물 크기 패턴

A면 [6] 〈1~6〉
1-앞 몸판 2-뒤 몸판 3-스커트 앞판
4-스커트 뒤판 5-앞 덧댐천 6-뒤 덧댐천

완성 사이즈 • 왼쪽부터 S/M/L/XL

가슴둘레 = 107/110/114/120cm
총장 = 98.7/100.7/102.7/104.7cm

마름질 방법 • 위에서부터 S/M/L/XL

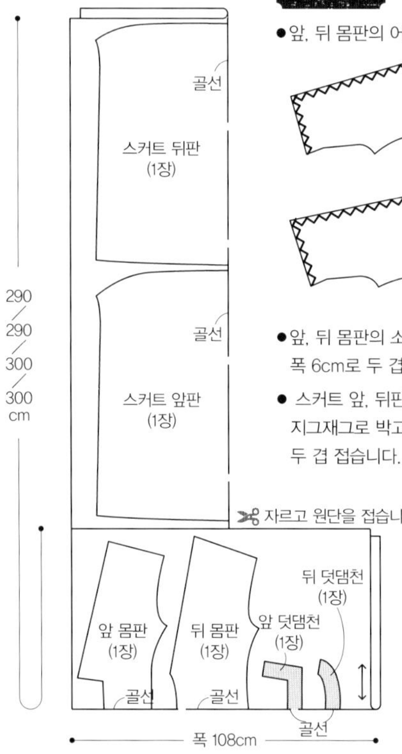

사전 준비 • 단위는 cm
- 앞, 뒤 몸판의 어깨와 소맷부리를 지그재그로 박습니다. 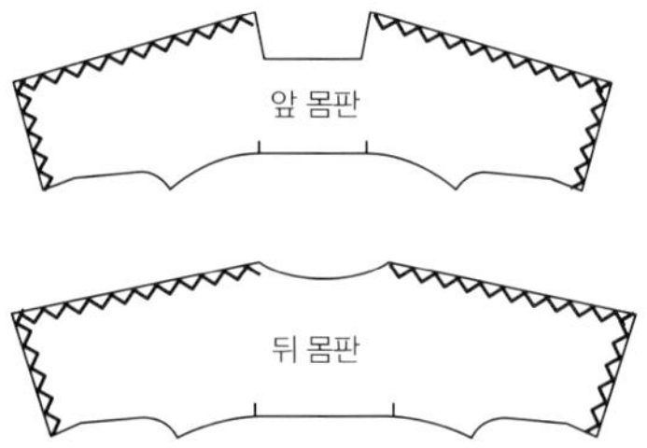
- 앞, 뒤 몸판의 소맷부리를 폭 6cm로 두 겹 접습니다.
- 스커트 앞, 뒤판의 밑단을 지그재그로 박고 폭 3cm로 두 겹 접습니다.
- 자르고 원단을 접습니다.

※ ▨ 는 접착심지입니다. 앞, 뒤 덧댐천은 접착심지를 붙인 후 자릅니다.

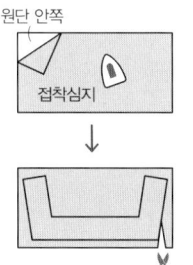

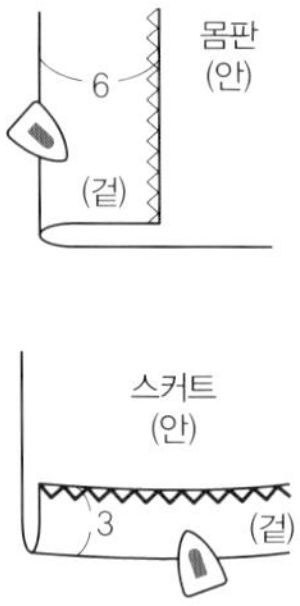

재봉 순서

1. 마름질 방법을 참고해 원단을 잘라 준비해 둡니다.
3. 목둘레에 덧댐천을 붙입니다.
2. 어깨를 박습니다.
6. 슬릿과 소맷부리를 박습니다.
5. 소매아래와 옆선을 박습니다.
4. 몸판에 스커트를 답니다.
7. 밑단을 두 겹 접어 박습니다.

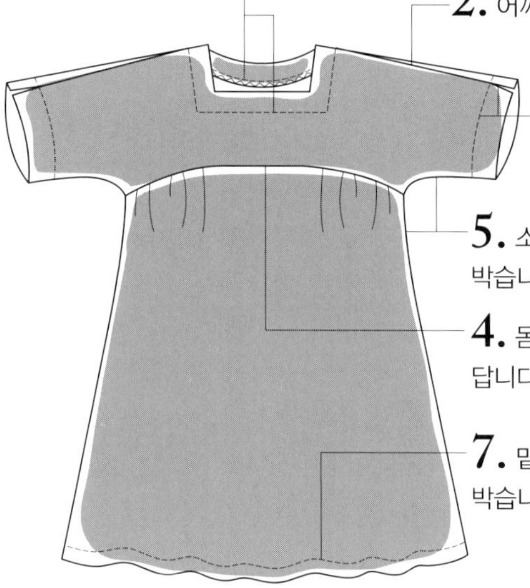

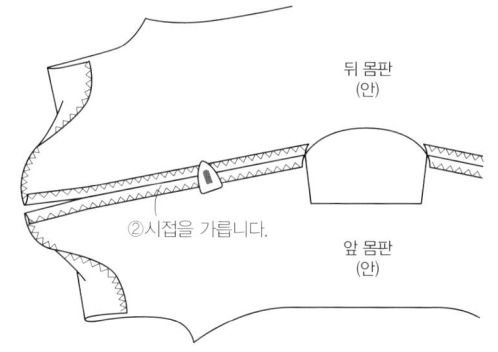

만드는 방법 • 단위는 cm

2. 어깨 박기

①앞, 뒤 몸판을 겉끼리 마주 대고 미리 접어 두었던 소맷부리를 엽니다. 어깨를 시접 1cm로 재봉 멈춤선까지 박습니다.

②시접을 가릅니다.

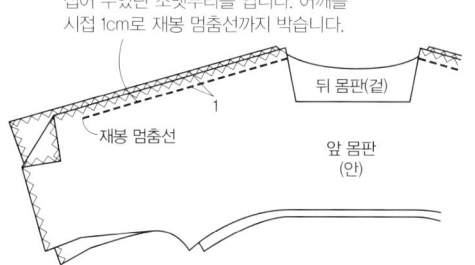

3. 목둘레에 덧댐천 달기

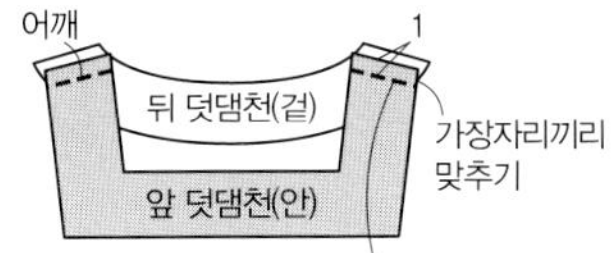

①앞, 뒤 덧댐천을 겉끼리 마주 대고, 어깨를 시접 1cm로 박습니다.

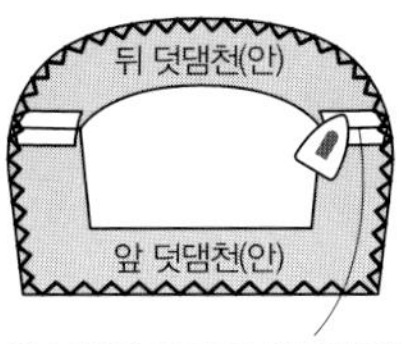

②시접을 가르고 가장자리를 지그재그로 박습니다.

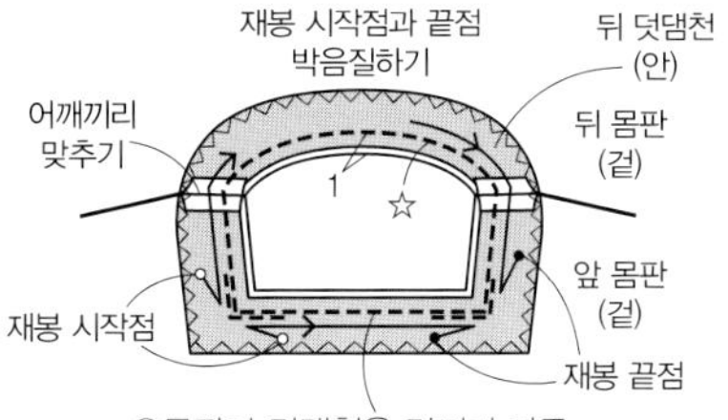

③몸판과 덧댐천을 겉끼리 마주 대고, 목둘레를 화살표 방향으로 시접 1cm로 박습니다.

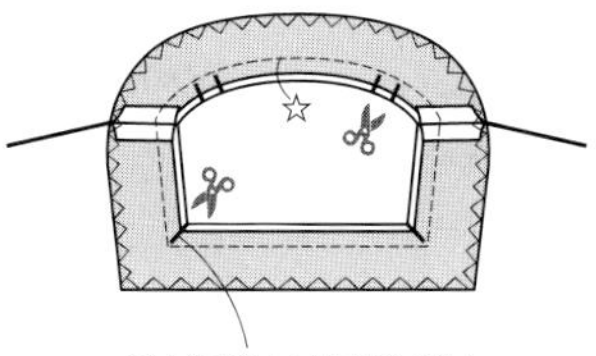

④시접의 모서리와 커브 부분에 가위집을 냅니다.

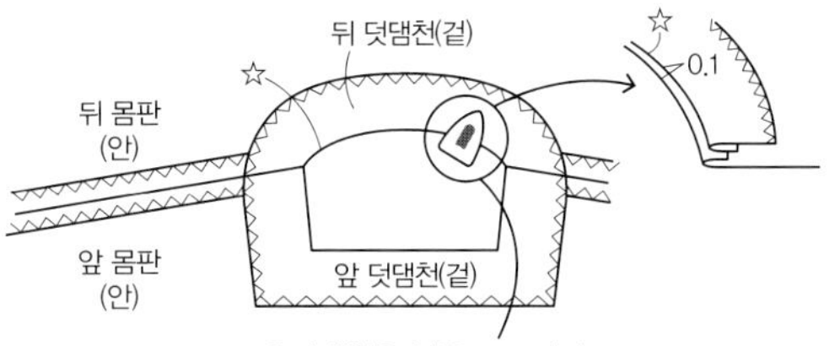

⑤덧댐천을 안쪽으로 뒤집고, 바늘땀이 보이지 않게 접습니다 (40페이지 참조).

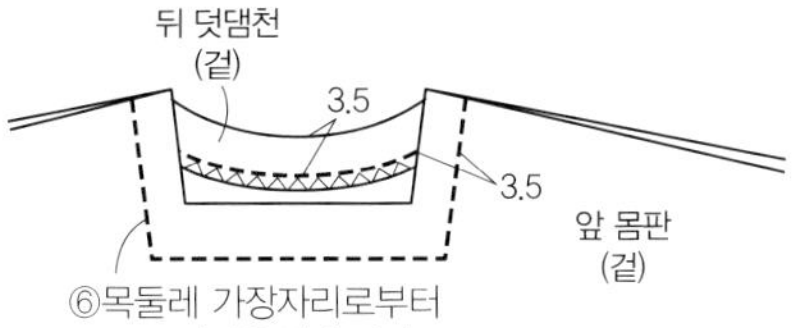

⑥목둘레 가장자리로부터 3.5cm 지점을 박습니다.

4. 몸판에 스커트 달기

①스커트 위쪽 가장자리에 2줄로 굵게 상침합니다 (37페이지 [주름 잡기, 덧댐천 박기] 참조).

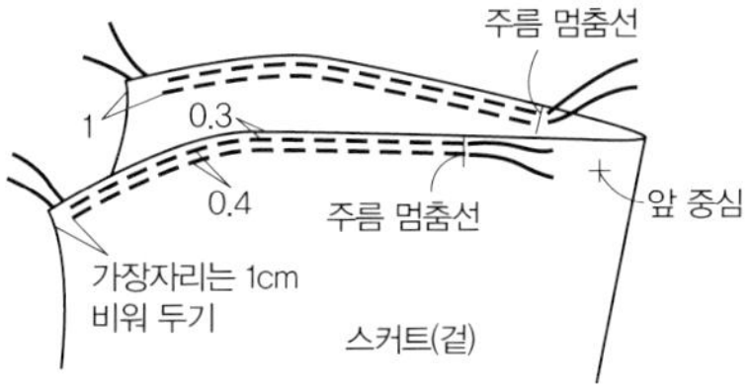

②앞 몸판과 스커트 앞판을 겉끼리 마주 대고, 앞 중심, 양옆, 주름 멈춤선을 시침핀으로 고정합니다. 실을 잡아당겨 주름을 잡고, 2장의 원단 길이를 맞춰 시침핀으로 고정합니다.

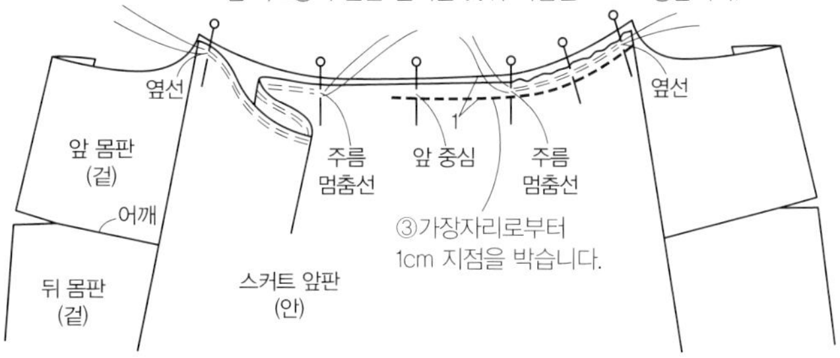

③가장자리로부터 1cm 지점을 박습니다.

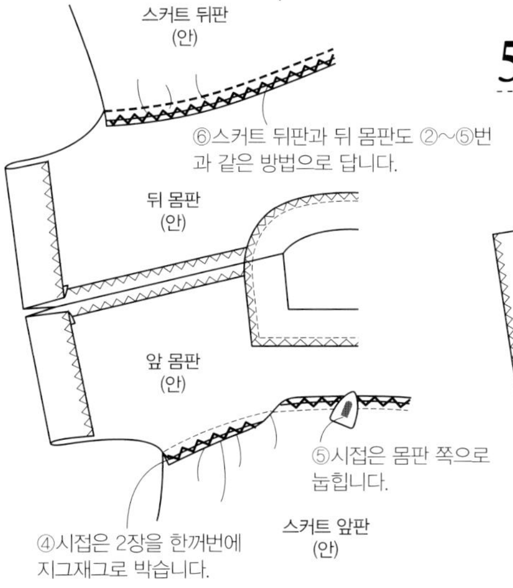

④시접은 2장을 한꺼번에 지그재그로 박습니다.

⑤시접은 몸판 쪽으로 눕힙니다.

⑥스커트 뒤판과 뒤 몸판도 ②~⑤번과 같은 방법으로 답니다.

5. 소매아래, 옆선 박기

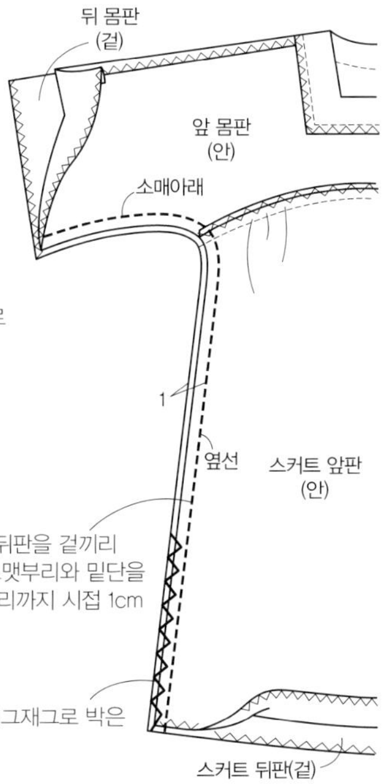

①앞, 뒤 몸판과 스커트 앞, 뒤판을 겉끼리 마주 댑니다. 미리 접어둔 소맷부리와 밑단을 한 번 펴고 밑단부터 소맷부리까지 시접 1cm로 박습니다.

②시접은 2장을 한꺼번에 지그재그로 박은 후 앞쪽으로 눕힙니다.

6. 슬릿, 소맷부리 박기

①소맷부리는 접힌 선을 기준으로 겉으로 접습니다.

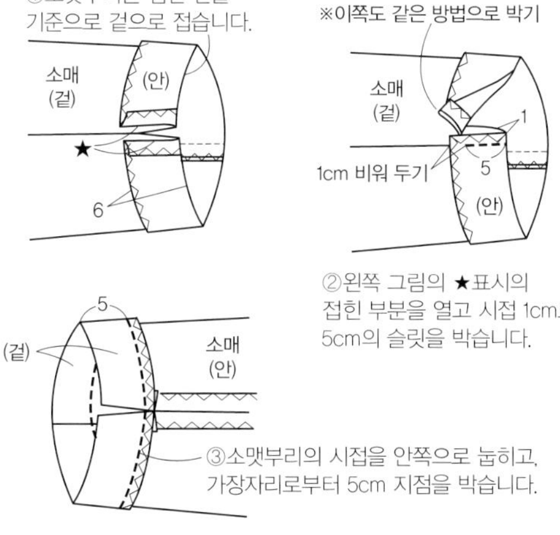

※이쪽도 같은 방법으로 박기

②왼쪽 그림의 ★표시의 접힌 부분을 열고 시접 1cm로 5cm의 슬릿을 박습니다.

③소맷부리의 시접을 안쪽으로 눕히고, 가장자리로부터 5cm 지점을 박습니다.

7. 밑단 두 겹 접어 박기

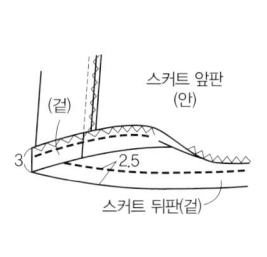

심플 풀오버 Photo P20, 33

재료 ● 왼쪽부터 S/M/L/XL ● 20페이지의 작품을 기준으로 하며, [ ]안은 33페이지의 작품만 해당합니다.

- 린넨 원단 [울 원단] … 폭 135cm [152cm]×120/130/130/145cm
- 얇은 접착심지 … 50cm×35cm

실물 크기 패턴

C면 [15] 〈1~5〉
1-앞 몸판 2-뒤 몸판 3-소매
4-앞 덧댐천 5-뒤 덧댐천

완성 사이즈 ● 왼쪽부터 S/M/L/XL

가슴둘레 = 98/101/105/111cm
총장 = 55/57/59/61cm

마름질 방법 ● 단위는 cm ● 위에서부터 S/M/L/XL

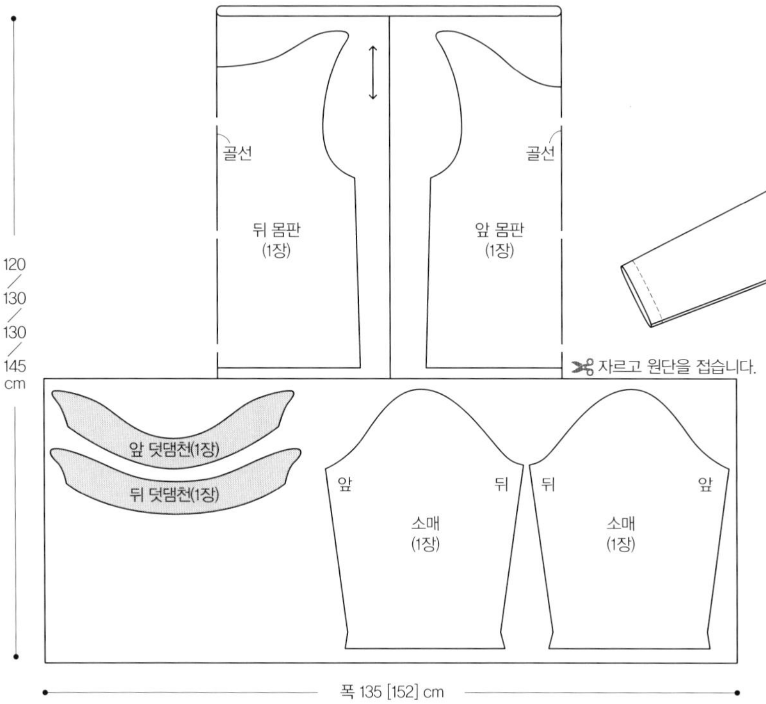

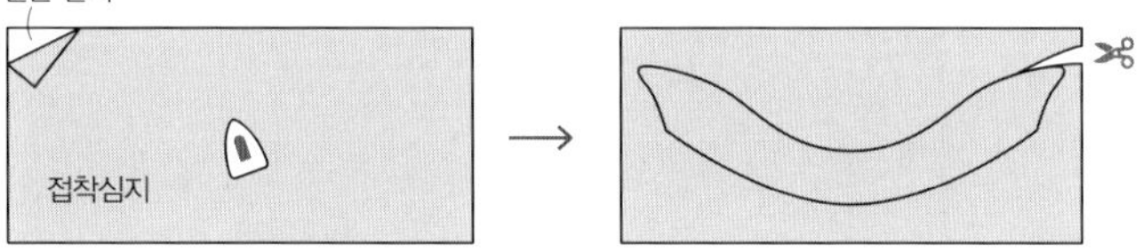

재봉 순서

1. 마름질 방법을 참고해 원단을 잘라 준비해 둡니다.
2. 목둘레를 박습니다.
3. 어깨를 임시고정합니다.
4. 소매를 답니다.
5. 소매아래와 옆선을 박습니다.
6. 소맷부리를 두 겹 접어 박습니다.
7. 밑단을 두 겹 접어 박습니다.

사전 준비 ● 단위는 cm

● 앞. 뒤 몸판의 밑단과 소매의 소맷부리를 지그재그로 박고, 폭 3cm로 두 겹 접습니다.

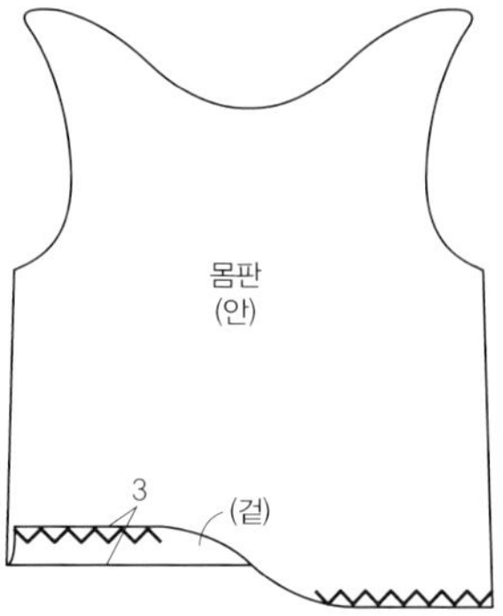

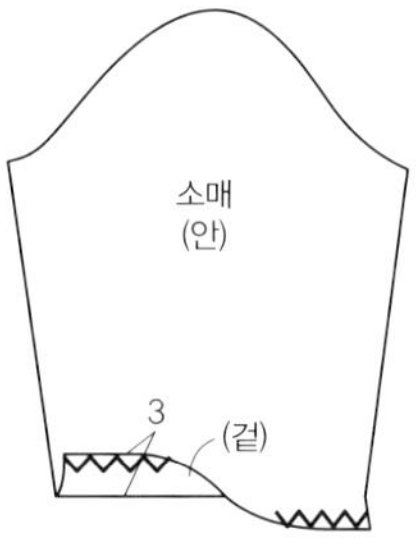

● 앞. 뒤 덧댐천을 지그재그로 박습니다.

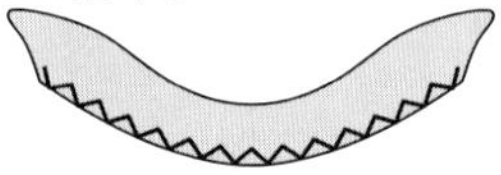

※ ▭ 는 접착심지입니다. 앞, 뒤 덧댐천은 접착심지를 붙인 후 자릅니다.

만드는 방법 • 단위는 cm

2. 목둘레 박기

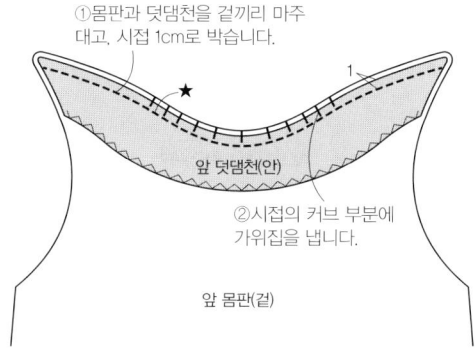

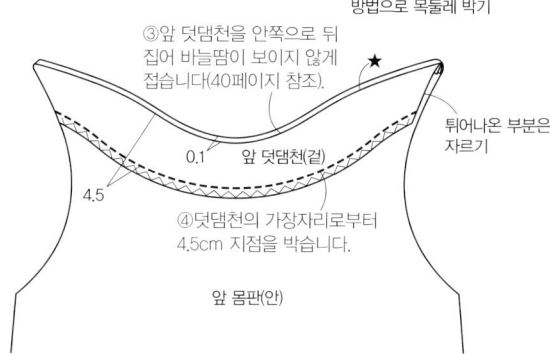

3. 어깨 임시고정하기

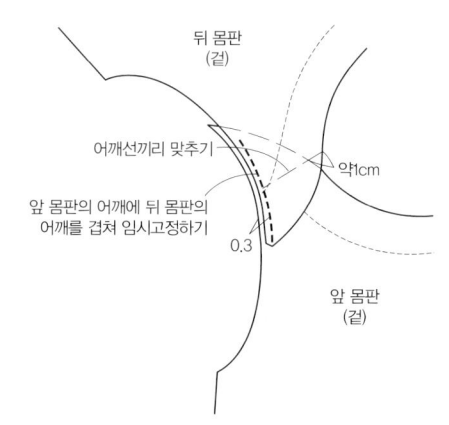

4. 소매 달기

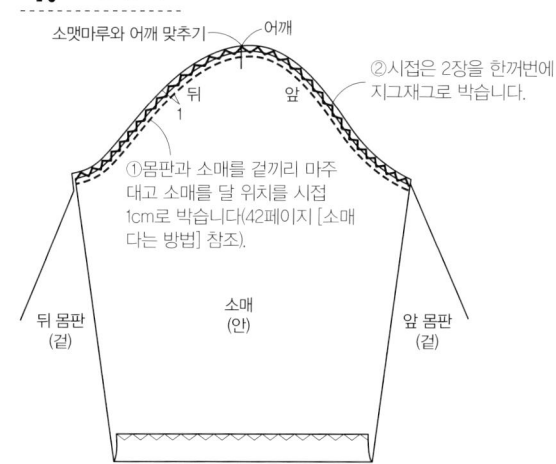

5. 소매아래, 옆선박기

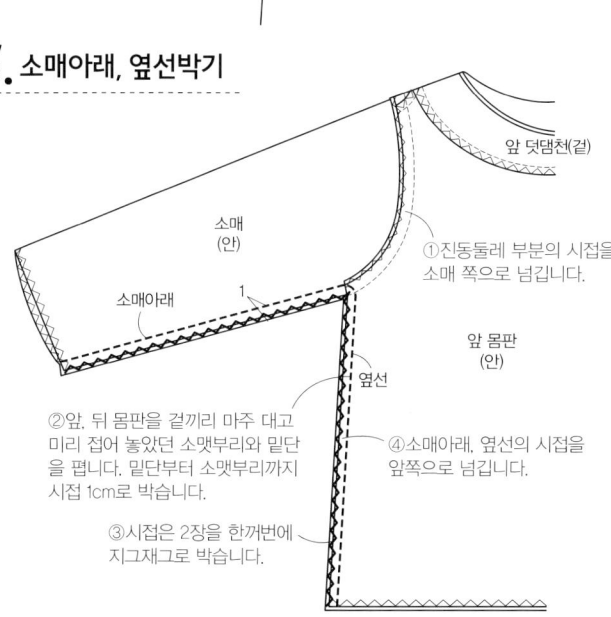

6. 소맷부리 두 겹 접어 박기

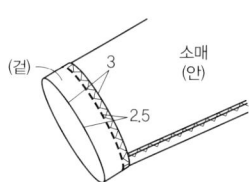

7. 밑단 두 겹 접어 박기

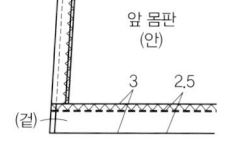

프릴백 Photo P23

재료
- 옥스포드 원단(빨간색 또는 회색 또는 순면색) … 폭 112cm×50cm
- 코튼 브로드클로스 원단(흰색×남색 스트라이프) … 60cm×40cm
- 두꺼운 접착심지 … 55cm×30cm(가방 테두리용)
- 얇은 접착심지 … 80cm×10cm(손잡이용)

실물 크기 패턴
D면 [22] ⟨1~3⟩
1–본체 겉감 2–본체 안감
3–본체 겉감용 접착심지

완성 사이즈
폭 34cm×높이 32.5cm(손잡이 포함)

마름질 방법
• 단위는 cm

※손잡이 원단, 프릴 원단은 원단에 직접 선을 그려 자릅니다.

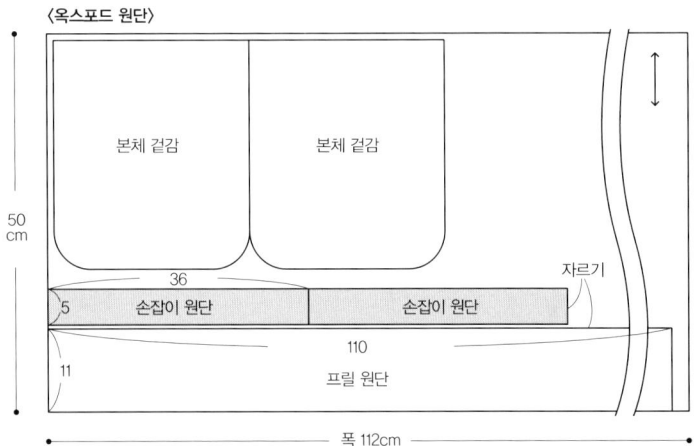

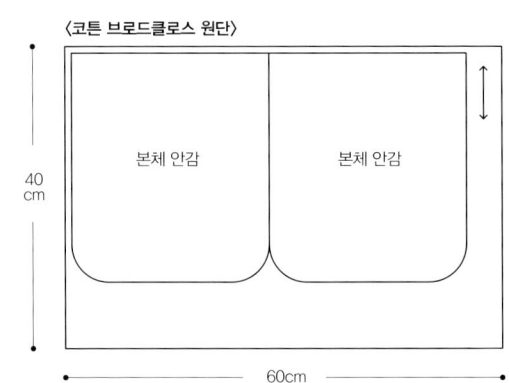

※ 는 접착심지입니다. 손잡이는 접착심지를 붙인 후 자릅니다.

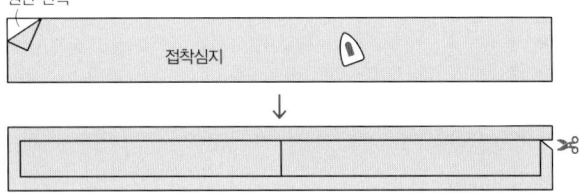

사전 준비
• 단위는 cm
● 본체 겉감에 본체 겉감용 접착심지를 붙입니다.

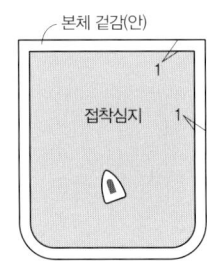

재봉 순서
1. 마름질 방법을 참고해 원단을 잘라 준비해 둡니다.
2. 손잡이를 만듭니다.
3. 프릴을 만듭니다.
4. 프릴을 임시 고정합니다.
5. 본체 겉감을 박습니다.
6. 본체 안감을 박습니다.
7. 손잡이를 답니다.
8. 가방 입구를 박습니다.

만드는 방법 • 단위는 cm

2. 손잡이 만들기

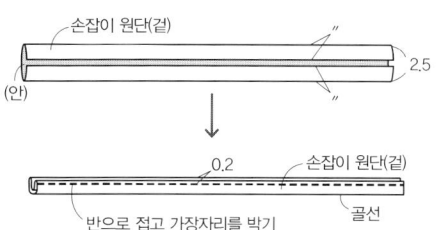

3. 프릴 만들기

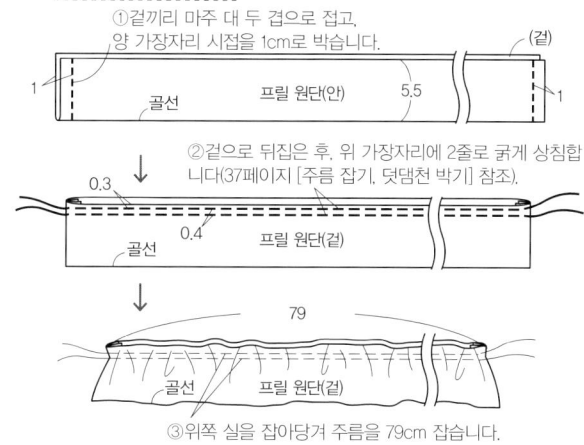

4. 프릴 임시 고정하기

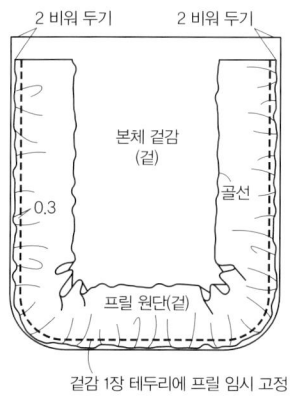

5. 본체 겉감 박기

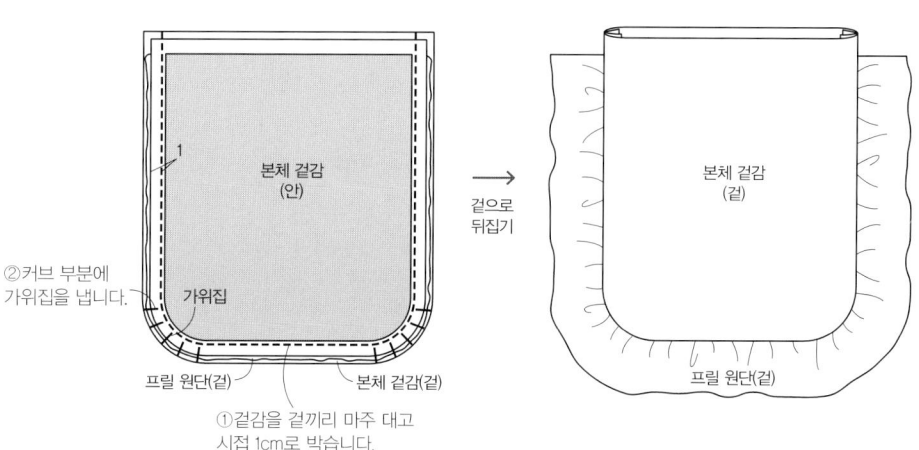

6. 본체 안감 박기

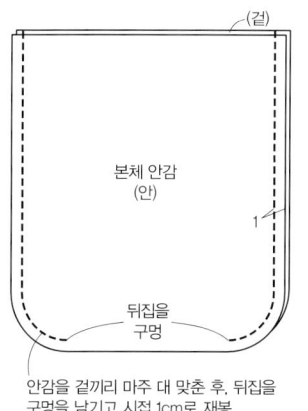

7. 손잡이 달기

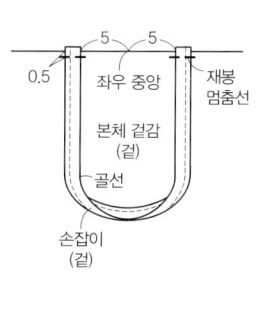

8. 가방 입구 박기

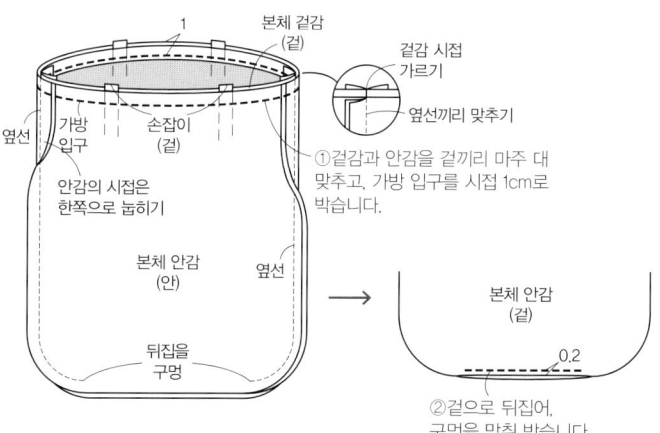

보틀넥 코트 Photo P35
보틀넥 자켓 Photo P24

재료 • 왼쪽부터 S/M/L/XL

〈보틀넥 코트〉
- 울 멜턴 원단
  … 폭 135cm×230/240/250/250cm
- 직경 2.5cm의 단추 … 2개
- 얇은 접착심지 … 120cm×60cm

※단추는 직경 2.5cm의 싸개 단추 키트를 사용했습니다.

〈보틀넥 자켓〉
- 린넨 원단 … 폭 135cm×140cm
- 직경 2.5cm의 단추 … 2개
- 얇은 접착심지 … 70cm×60cm

실물 크기 패턴
D면 [17] 〈1~5〉 [18] 〈1~6〉
1-앞 몸판 2-뒤 몸판 3-소매
4-앞 덧댐천 5-뒤 덧댐천 6-주머니

완성 사이즈 • 왼쪽부터 S/M/L/XL
가슴둘레 = 99/102/106/112cm
총장 = 자켓 53/53/55/57cm
코트 100/102/104/106cm

마름질 방법 • 단위는 cm • 위에서부터 S/M/L/XL

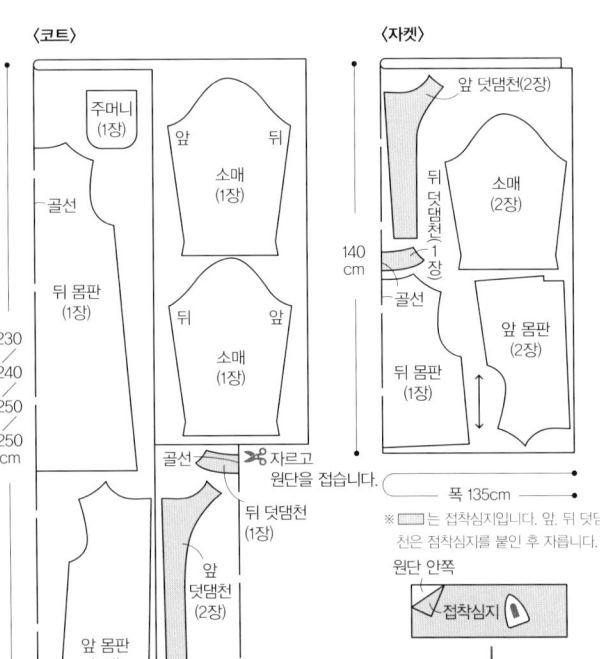

재봉 순서

1. 마름질 방법을 참고해 원단을 잘라 준비해 둡니다.
2. 주머니를 답니다.
3. 어깨를 박습니다.
4. 소매를 답니다.
5. 소매아래와 옆선을 박습니다.
6. 덧댐천을 답니다.
7. 소맷부리를 두 겹 접어 박습니다.
8. 밑단을 두 겹 접어 박습니다.
9. 단춧구멍을 만들어 단추를 답니다.

사전 준비 • 단위는 cm

〈코트〉
● 주머니 입구에 접착심지를 붙인 후, 지그재그로 박습니다.

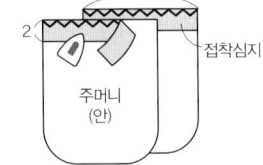

〈자켓, 코트 공통〉
● 소매의 소맷부리와 앞, 뒤 몸판의 밑단을 지그재그로 박고, 폭 3cm로 두 겹 접습니다.

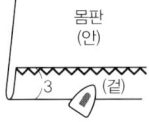

만드는 방법 • 단위는 cm

2. 주머니 달기(코트)

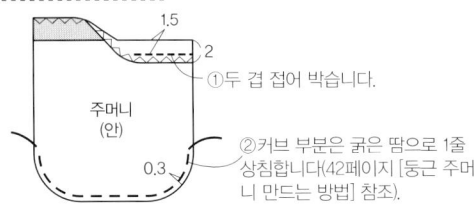

① 두 겹 접어 박습니다.
② 커브 부분은 굵은 땀으로 1줄 상침합니다(42페이지 [둥근 주머니 만드는 방법] 참조).

2. 이어서

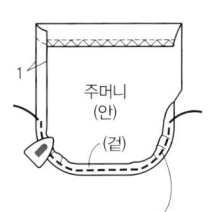
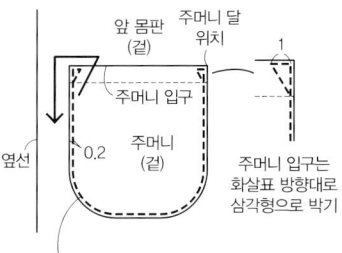

③실을 당겨 둥그스름하게 만들고, 가장자리를 1cm 접습니다.

④앞 몸판의 주머니 달 위치에 주머니를 답니다.

주머니 입구는 화살표 방향대로 삼각형으로 박기

3. 어깨 박기

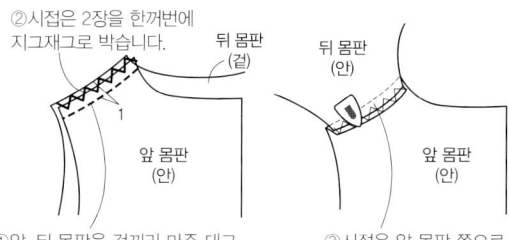

②시접은 2장을 한꺼번에 지그재그로 박습니다.

①앞, 뒤 몸판을 겉끼리 마주 대고, 어깨를 시접 1cm로 박습니다.

③시접은 앞 몸판 쪽으로 넘깁니다.

4. 소매 달기

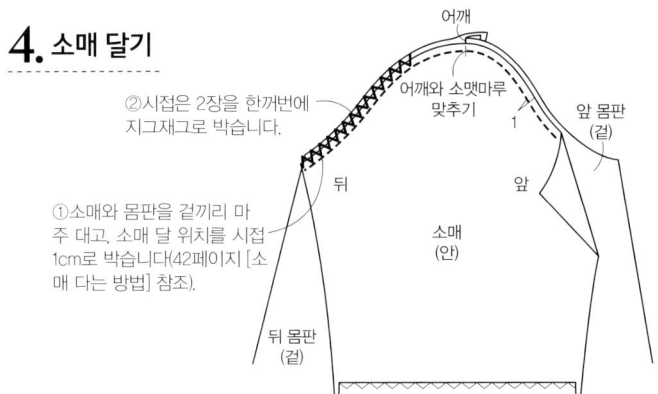

②시접은 2장을 한꺼번에 지그재그로 박습니다.

①소매와 몸판을 겉끼리 마주 대고, 소매 달 위치를 시접 1cm로 박습니다(42페이지 [소매 다는 방법] 참조).

5. 소매아래, 옆선 박기

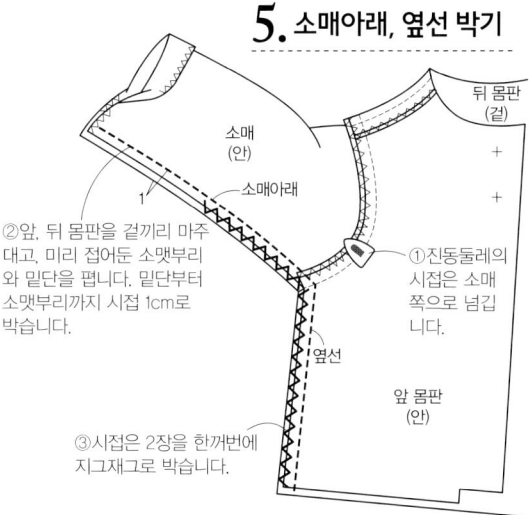

①진동둘레의 시접은 소매 쪽으로 넘깁니다.

②앞, 뒤 몸판을 겉끼리 마주 대고, 미리 접어둔 소맷부리와 밑단을 펍니다. 밑단부터 소맷부리까지 시접 1cm로 박습니다.

③시접은 2장을 한꺼번에 지그재그로 박습니다.

6. 덧댐천 달기

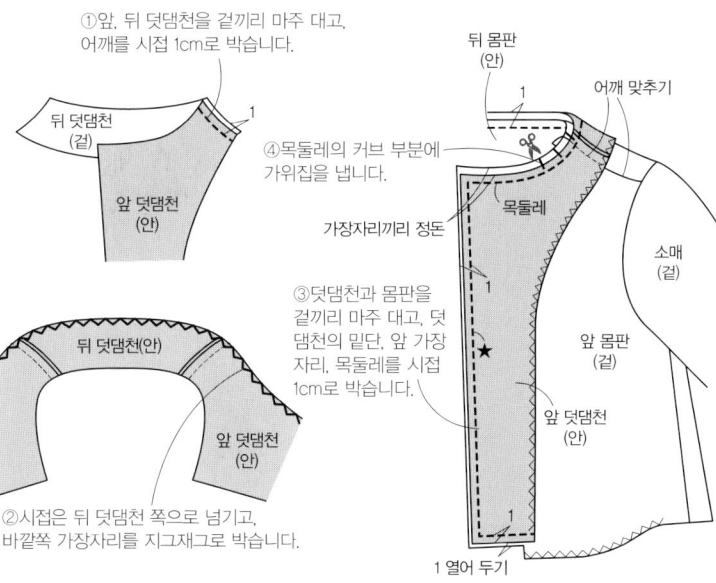

①앞, 뒤 덧댐천을 겉끼리 마주 대고, 어깨를 시접 1cm로 박습니다.

②시접은 뒤 덧댐천 쪽으로 넘기고, 바깥쪽 가장자리를 지그재그로 박습니다.

③덧댐천과 몸판을 겉끼리 마주 대고, 덧댐천의 밑단, 앞 가장자리, 목둘레를 시접 1cm로 박습니다.

④목둘레의 커브 부분에 가위집을 냅니다.

⑤덧댐천을 안쪽으로 뒤집어 실땀이 보이지 않게 접습니다(40페이지 참조).

⑥소매아래와 옆선의 시접을 앞 몸판 쪽으로 넘깁니다.

⑦덧댐천의 밑단, 앞 가장자리, 목둘레 가장자리로부터 0.5cm 지점을 박습니다
※코트는 ( ) 안의 숫자로 박습니다.

⑧(자켓) 덧댐천 가장자리를 어깨의 시접에 감침질합니다.

⑧(코트) 덧댐천을 어깨의 솔기에 박아 고정합니다.

7. 소맷부리 두 겹 접어 박기

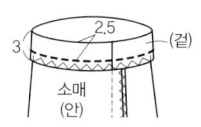

8. 밑단 두 겹 접어 박기

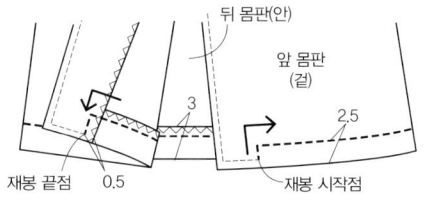

9. 단춧구멍 만들어 단추 달기

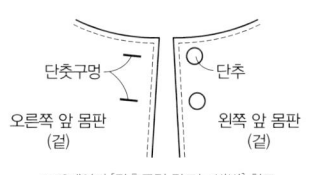

※ 42페이지 [단춧구멍 만드는 방법] 참조

원 턱 스커트 Photo P25, 26

재료
- 왼쪽부터 S/M/L/XL
- 25페이지의 작품을 기준으로 하며, [ ]안은 26페이지의 작품만 해당합니다. 그 외에는 모두 동일합니다.
- 코튼 폴리에스테르 스트레치 원단 [무명 원단]
  … 폭 124cm [138cm]×160/160/170/170 [110/110/120/120] cm
- 폭 3cm의 납작 고무줄 … 18.5/20/21.5/23cm 2개
- 두꺼운 접착심지 … 4cm×16.5cm 2장

실물 크기 패턴

D면 [21]
스커트 원단

완성·사이즈
- 왼쪽부터 S/M/L/XL

스커트 총장 = 62.5/63.5/66/66.5cm

마름질·방법 • 단위는 cm • 위 또는 왼쪽부터 S/M/L/XL

※스커트 원단은 원단 겉쪽에 패턴지를 대고 자릅니다.
※벨트 원단은 긴 것과 짧은 것 모두 원단에 직접 선을 그려 자릅니다.

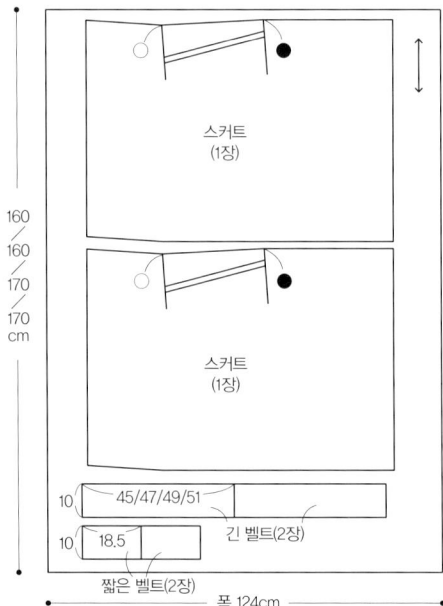

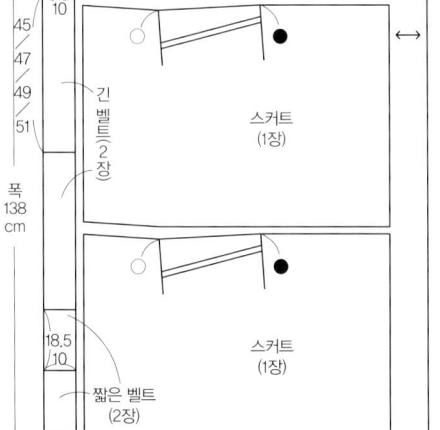

재봉·순서

1. 마름질 방법을 참고해 원단을 잘라 준비해 둡니다.
2. 턱을 접어 박습니다.
3. 옆선을 박습니다.
4. 벨트를 박습니다.
5. 스커트와 벨트를 박고, 고무줄을 끼웁니다.
6. 밑단을 두 겹으로 접어 박습니다.

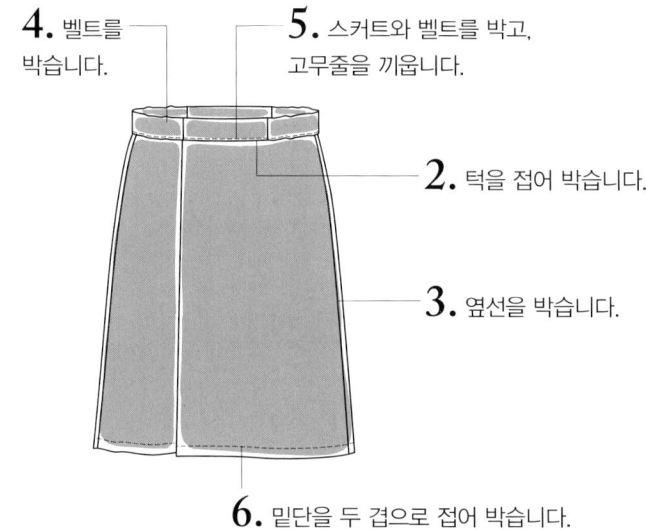

사전·준비 • 단위는 cm

- 스커트 밑단을 지그재그로 박고, 폭 3cm로 두 겹 접습니다.

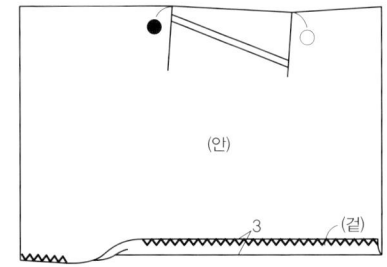

- 짧은 벨트에 접착심지를 붙입니다.

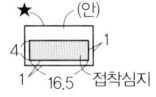

만드는 방법 • 단위는 cm

2. 턱 접어 박기

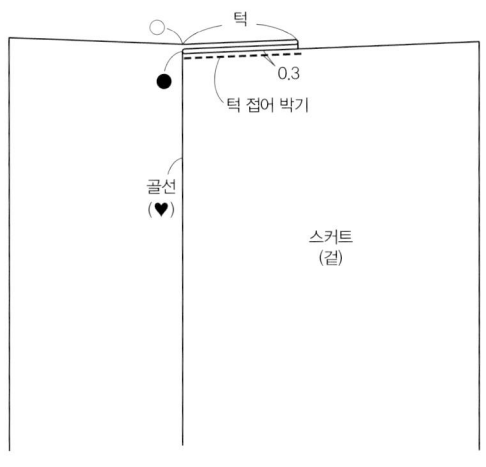

3. 옆선 박기

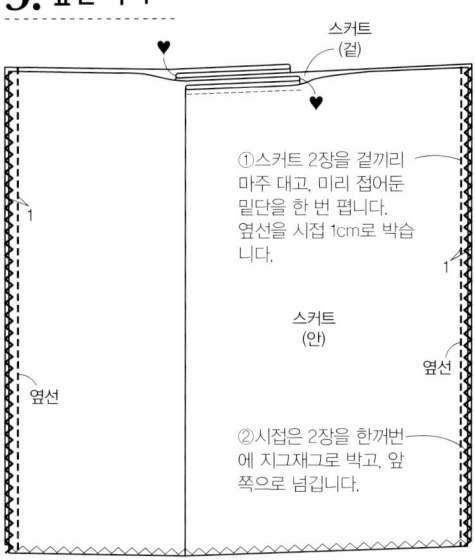

4. 벨트 박기

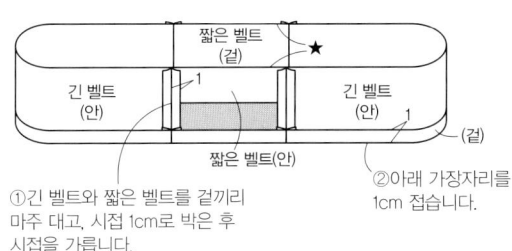

5. 스커트와 벨트 박고, 고무줄 끼우기

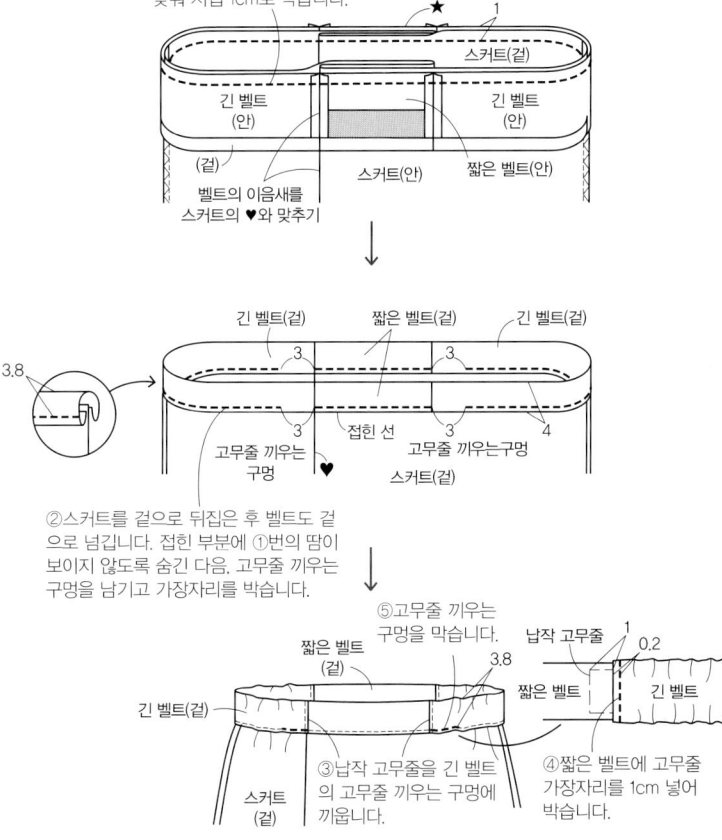

6. 밑단 두 겹 접어 박기

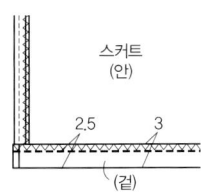

주름 스커트 원피스 Photo P27, 34

재료 • 왼쪽부터 S/M/L/XL
27페이지의 작품을 기준으로 하며, [ ]안은 34페이지의 작품만 해당합니다. 그 외에는 모두 동일합니다.

• 린넨 원단 [압축 울 니트 원단]
  … 폭 110cm [144cm]×250/250/260/260 [220/220/230/230] cm
• 직경 1.5cm의 단추 … 4개
• 얇은 접착심지 … 60cm×70cm

실물 크기 패턴

B면 [12] ⟨1~4⟩
1-앞 몸판 2-뒤 몸판
3-앞 덧댐천 4-뒤 덧댐천

완성 사이즈 • 왼쪽부터 S/M/L/XL

가슴둘레 = 93.8/96.8/100.8/106.8cm
총장 = 105/107/109/111cm

마름질 방법 • 단위는 cm • 위 또는 왼쪽부터 S/M/L/XL

※스커트 앞판과 뒤판은 원단에 직접 선을 그려 자릅니다.

재봉 순서

1. 마름질 방법을 참고해 원단을 잘라 준비해 둡니다.
3. 덧댐천을 답니다.
2. 몸판과 덧댐천의 옆선을 박습니다.
6. 몸판에 스커트를 답니다.
4. 스커트의 턱을 박습니다.
5. 스커트의 옆선을 박습니다.
7. 밑단을 두 겹 접어 박습니다.

사전 준비 • 단위는 cm • 위에서부터 S/M/L/XL

● 스커트 앞, 뒤판의 위쪽에 좌우대칭으로 턱을 표시합니다.
● 스커트 앞, 뒤판의 밑단을 지그재그로 박고, 폭 3cm로 두 겹 접습니다.

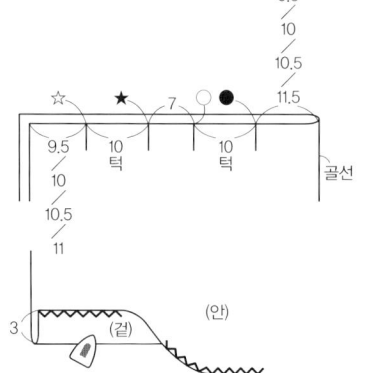

※ ▨는 접착심지입니다. 앞, 뒤 덧댐천은 접착심지를 붙인 후 자릅니다.

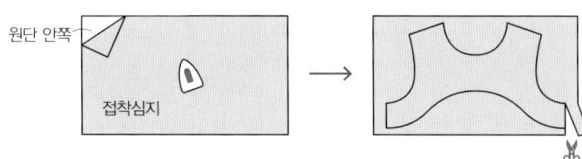

만드는 방법 • 단위는 cm

2. 몸판, 덧댐천의 옆선 박기

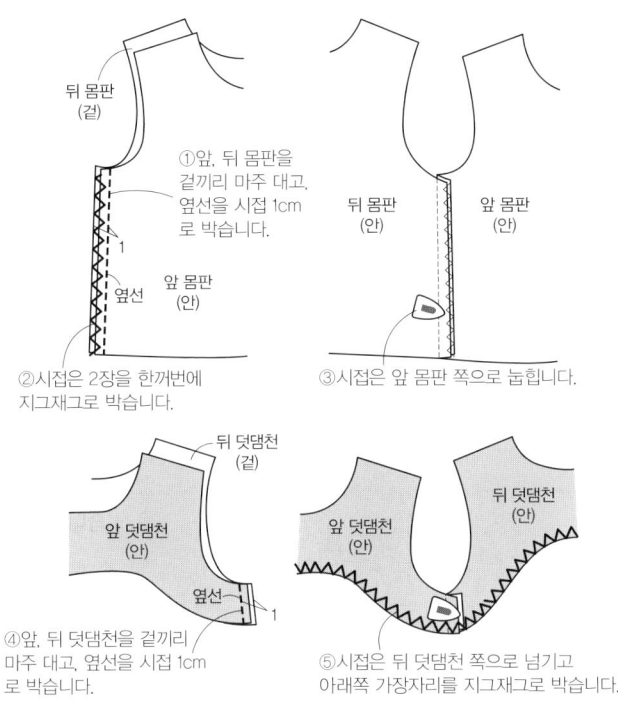

3. 덧댐천 달기

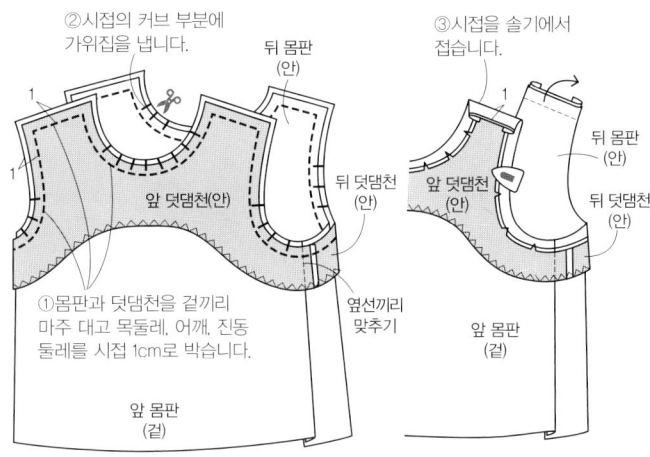

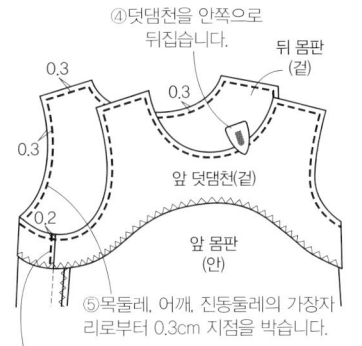

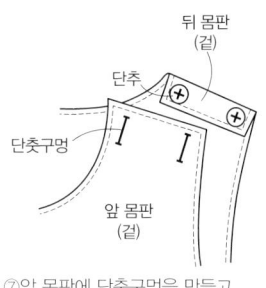

4. 스커트 턱 박기

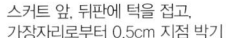

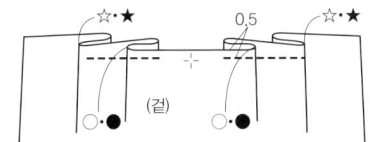

5. 스커트 옆선 박기

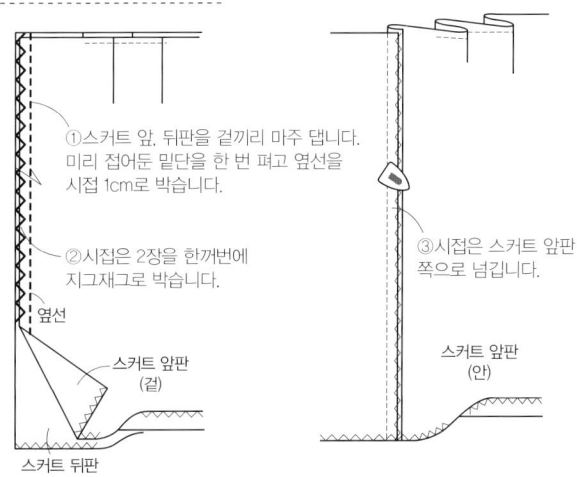

6. 몸판에 스커트 달기

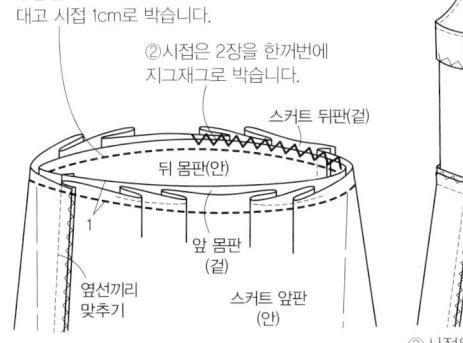

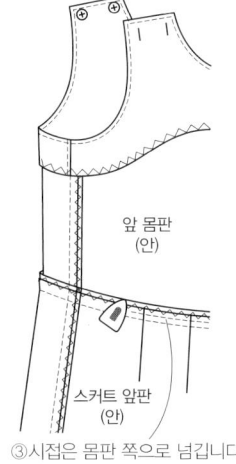

7. 밑단 두 겹 접어 박기

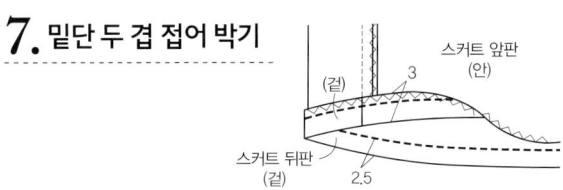

돌먼 슬리브 롱 티셔츠 *Photo* **P31**

재료 • 왼쪽부터 S/M/L/XL

- 코튼 스무스 니트
  … 폭 162cm×140/140/140/150cm
- 코튼 리브 니트 … 45cm×45cm
- 폭 0.9cm의 늘어짐 방지 테이프
  … 60cm(20cm와 40cm로 자르기)

실물 크기 패턴

D면 [20] 〈1, 2〉
1-앞 몸판 2-뒤 몸판

완성 사이즈 • 왼쪽부터 S/M/L/XL

가슴둘레 = 93/96/100/106cm
총장 = 58/60/62/64cm

마름질 방법 • 단위는 cm • 위 또는 왼쪽부터 S/M/L/XL • 42페이지 [니트 원단 다루는 요령] 참조

※ 바이어스 천은 원단에 직접 선을 그려 자릅니다.

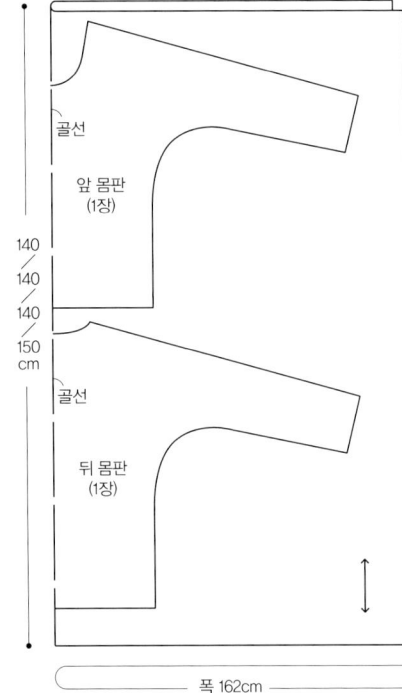

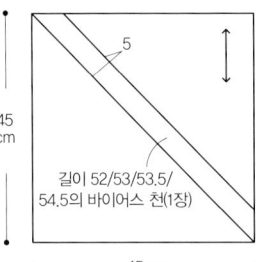

사전 준비 • 단위는 cm

- 앞, 뒤 몸판의 목둘레에 늘어짐 방지 테이프를 붙이고, 남는 부분은 자릅니다.

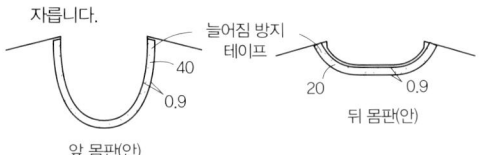

- 앞, 뒤 몸판의 밑단과 소맷부리를 지그재그로 박고, 폭 2cm로 두 겹 접습니다.

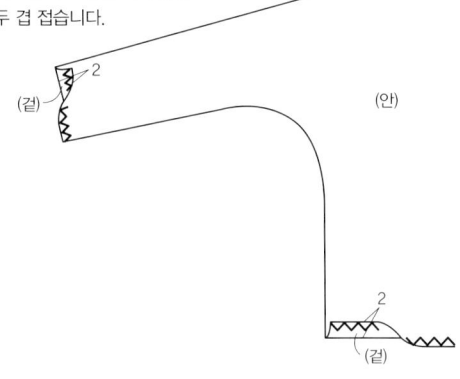

재봉 순서

1. 마름질 방법을 참고해 원단을 잘라 준비해 둡니다.
2. 어깨를 박습니다.
3. 목둘레를 마무리합니다.
4. 소매아래와 옆선을 박습니다.
5. 소맷부리를 두 겹 접어 박습니다.
6. 밑단을 두 겹 접어 박습니다.

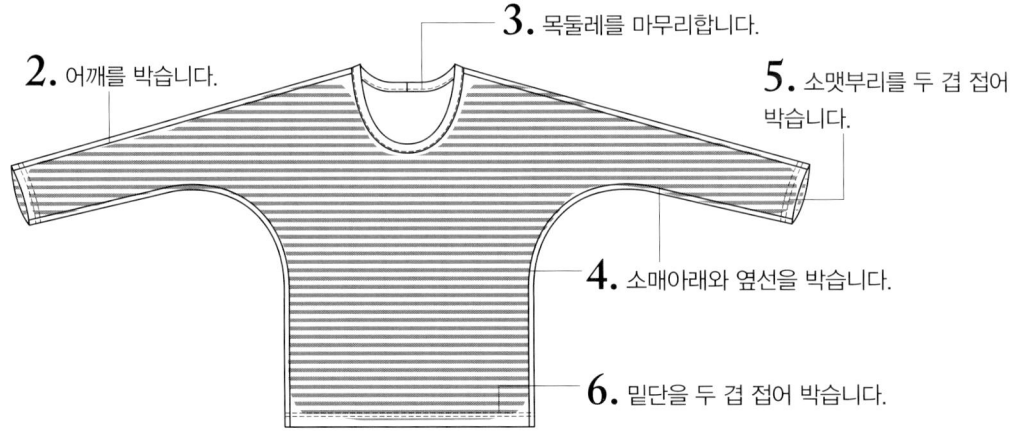

만드는 방법
• 단위는 cm

2. 어깨 박기

① 앞, 뒤 몸판을 겉끼리 마주 댑니다.
미리 접어둔 소맷부리를 한 번 펴고,
어깨를 시접 1cm로 박습니다.

② 시접은 2장을 한꺼번에
지그재그로 박고, 어깨의
시접을 앞쪽으로 넘깁니다.

앞 몸판 (안)
뒤 몸판 (겉)

3. 목둘레 마무리하기

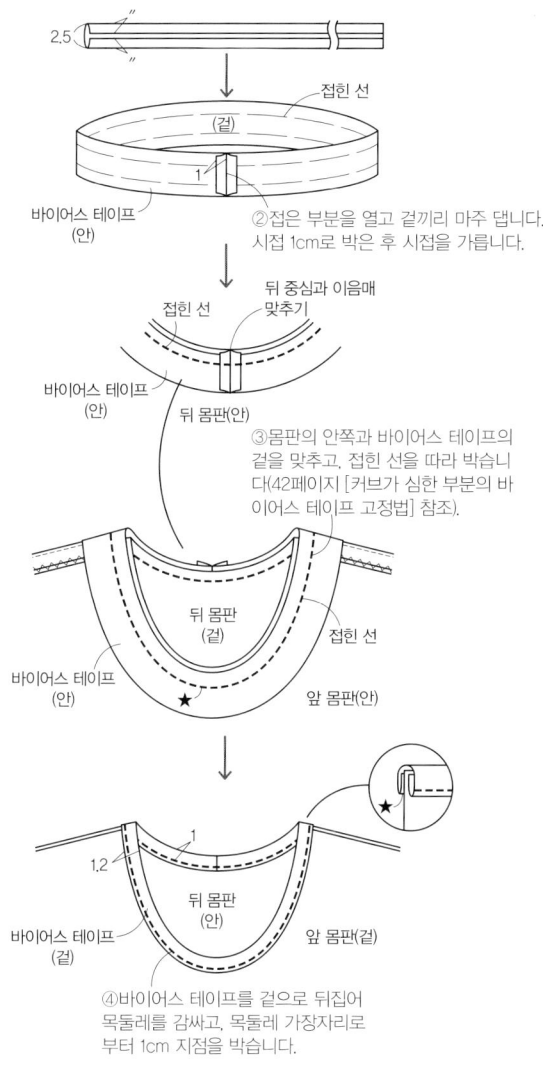

① 바이어스 천을 그림처럼 접고, 테이프로 만듭니다(45페이지 참조).

② 접은 부분을 열고 겉끼리 마주 댑니다.
시접 1cm로 박은 후 시접을 가릅니다.

뒤 중심과 이음매 맞추기

③ 몸판의 안쪽과 바이어스 테이프의 겉을 맞추고, 접힌 선을 따라 박습니다(42페이지 [커브가 심한 부분의 바이어스 테이프 고정법] 참조).

④ 바이어스 테이프를 겉으로 뒤집어 목둘레를 감싸고, 목둘레 가장자리로부터 1cm 지점을 박습니다.

4. 소매아래와 옆선 박기

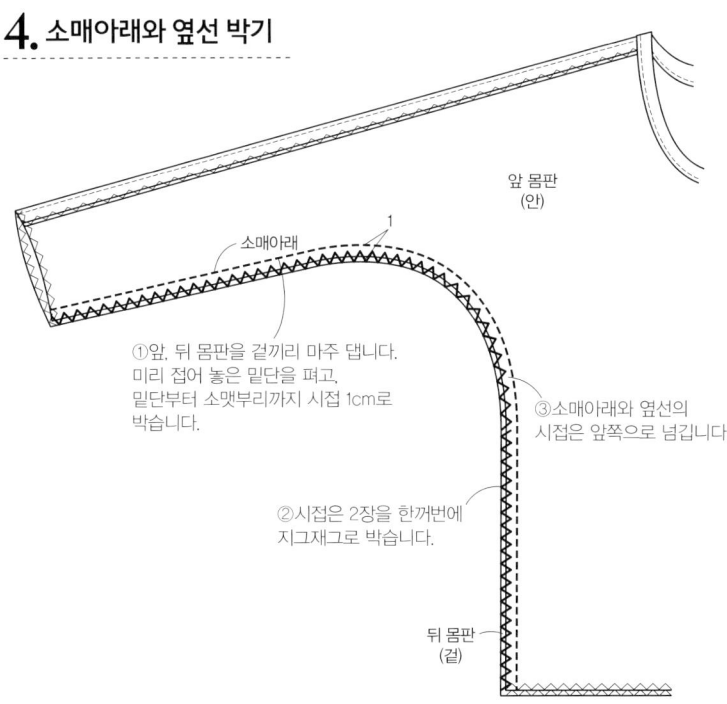

① 앞, 뒤 몸판을 겉끼리 마주 댑니다.
미리 접어 놓은 밑단을 펴고,
밑단부터 소맷부리까지 시접 1cm로
박습니다.

② 시접은 2장을 한꺼번에
지그재그로 박습니다.

③ 소매아래와 옆선의
시접은 앞쪽으로 넘깁니다.

5. 소맷부리 두 겹 접어 박기

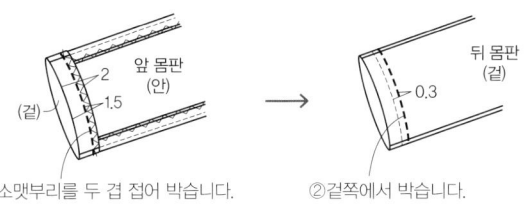

① 소맷부리를 두 겹 접어 박습니다.

② 겉쪽에서 박습니다.

6. 밑단 두 겹 접어 박기

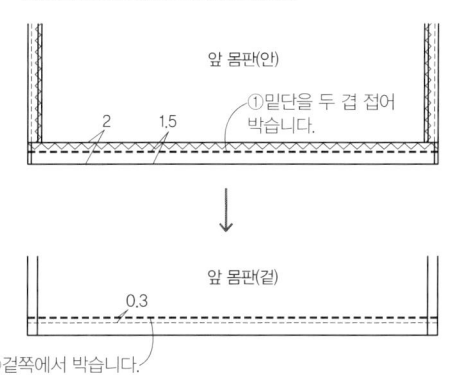

① 밑단을 두 겹 접어 박습니다.

② 겉쪽에서 박습니다.

벌룬 스커트 Photo P31

재료
- 왼쪽부터 S/M/L/XL
- 두꺼운 코튼 새틴 원단 … 폭 112cm×180/190/190/190cm
- 코튼 론 원단 … 폭 110cm×130/140/140/140cm
- 폭 3cm의 납작 고무줄 … 67/70/73/76cm
- 얇은 접착심지 … 2cm×17cm 2장(S·M), 2cm×17.5cm 2장(L·XL)

실물 크가 패턴
D면 [19] 〈1, 2〉
1-스커트 겉감 2-주머니

완성 사이즈
- 왼쪽부터 S/M/L/XL

스커트 총장 = 75/77/79/79cm

마름질 방법
- 단위는 cm
- 위 또는 왼쪽부터 S/M/L/XL

※스커트 안감과 벨트는 원단에 직접 선을 그려 자릅니다.

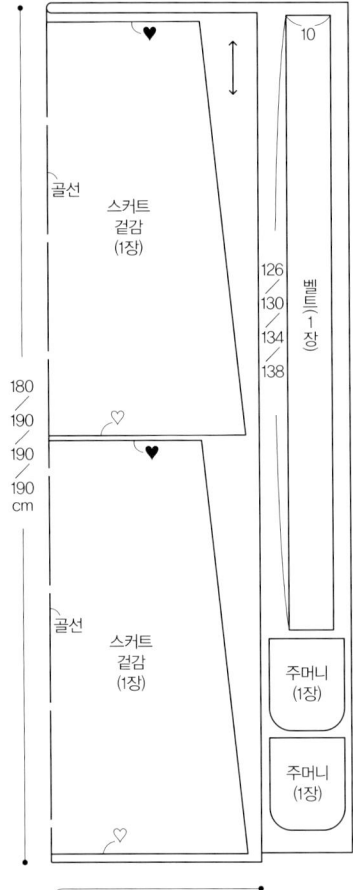

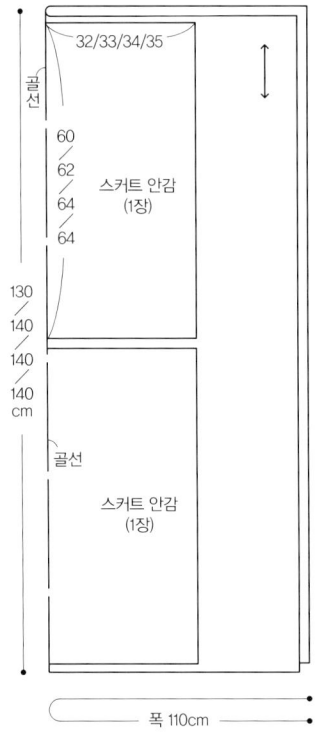

사전 준비
- 단위는 cm
- 주머니 입구에 접착심지를 붙인 후 지그재그로 박습니다.

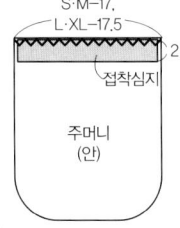

재봉 순서

1. 마름질 방법을 참고해 원단을 잘라 준비해 둡니다.

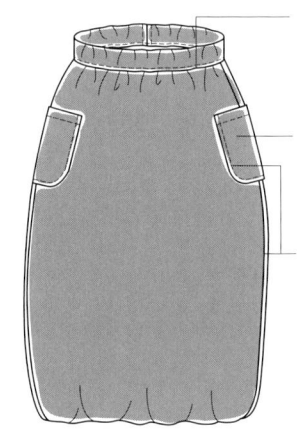

7. 벨트와 스커트를 박습니다.

2. 주머니를 만듭니다.

3. 겉감의 옆선을 박고, 주머니를 답니다.

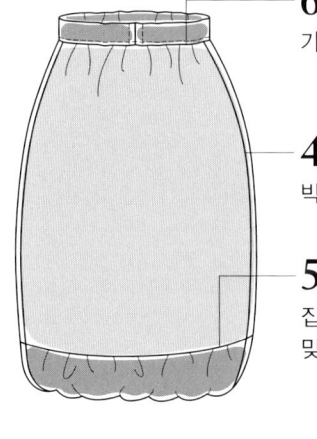

6. 겉감과 안감의 위 가장자리를 박습니다.

4. 안감의 옆선을 박습니다.

5. 겉감에 주름을 잡고, 안감의 밑단과 맞춰 박습니다.

만드는 방법 • 단위는 cm

2. 주머니 만들기

① 2cm로 두 겹을 접어 박습니다.

② 커브 부분에 굵은 땀으로 1줄 상침합니다(42페이지 [둥근 주머니 만드는 방법] 참조).

③ 실을 잡아당겨 둥그스름하게 만들고 가장자리를 1cm 접습니다.

3. 겉감의 옆선 박고, 주머니 달기

① 스커트 겉감 2장을 겉끼리 마주 대고, 옆선을 시접 1cm로 박습니다.

② 시접은 한쪽으로 넘깁니다.

③ 옆선에 주머니를 답니다.

주머니 입구는 삼각형으로 박기 (71페이지 참조)

4. 안감의 옆선 박기

① 스커트 안감 2장을 겉끼리 마주 대고, 옆선을 시접 1cm 박습니다.

② 시접은 한쪽으로 넘깁니다.

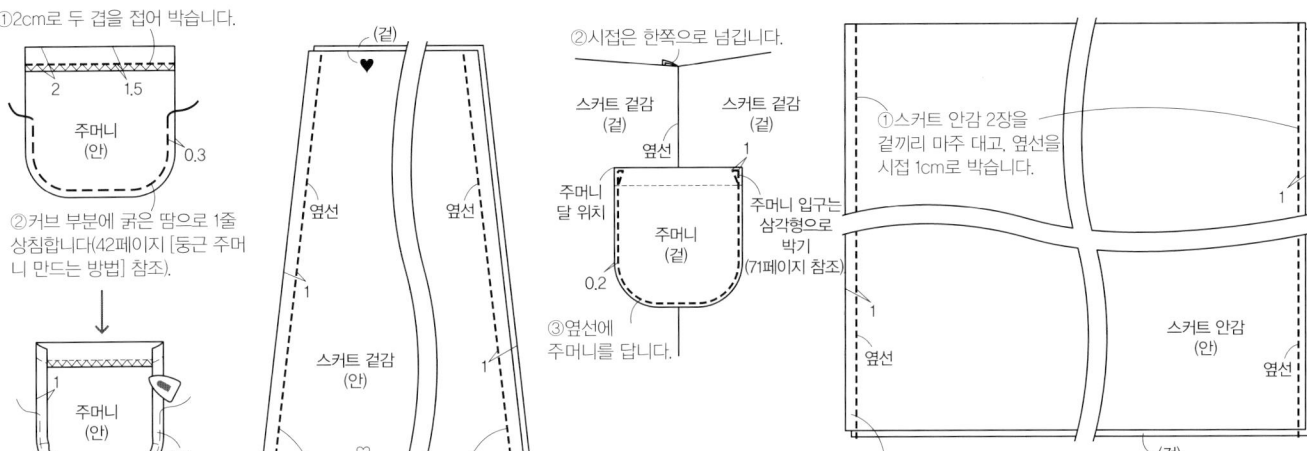

5. 겉감에 주름 잡고, 안감의 밑단과 맞춰 박기

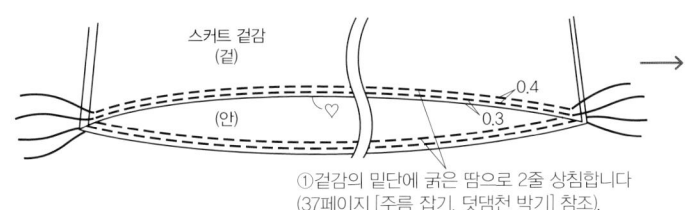

① 겉감의 밑단에 굵은 땀으로 2줄 상침합니다 (37페이지 [주름 잡기, 덧댐천 박기] 참조).

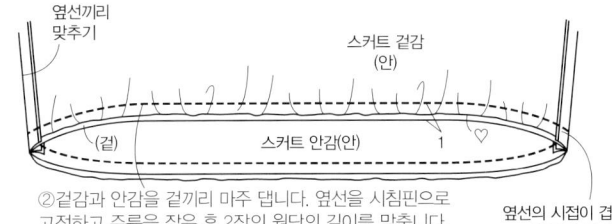

② 겉감과 안감을 겉끼리 마주 댑니다. 옆선을 시침핀으로 고정하고 주름을 잡은 후 2장의 원단의 길이를 맞춥니다. 가장자리로부터 1cm 지점을 박습니다.

옆선끼리 맞추기

옆선의 시접이 겹치지 않도록 하기

겉으로 뒤집기

6. 겉감과 안감의 위 가장자리 박기

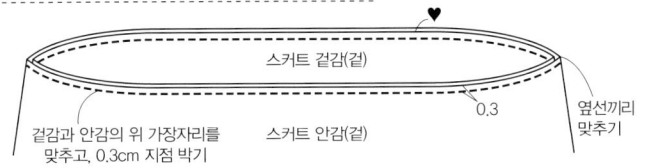

겉감과 안감의 위 가장자리를 맞추고, 0.3cm 지점 박기

옆선끼리 맞추기

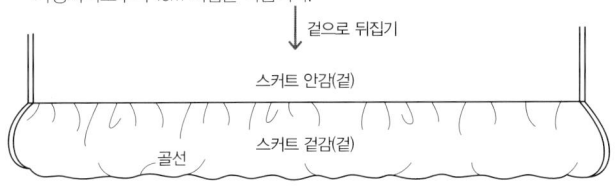

7. 벨트와 스커트 박기

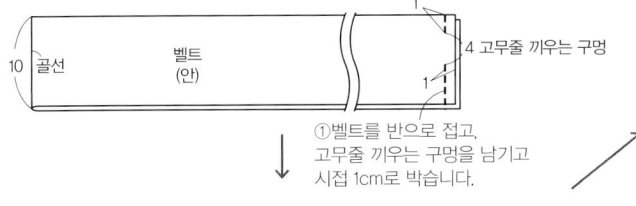

① 벨트를 반으로 접고, 고무줄 끼우는 구멍을 남기고 시접 1cm로 박습니다.

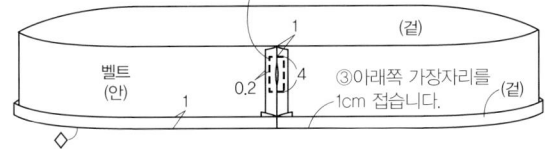

② 시접을 가르고, 고무줄 끼우는 구멍 주변을 박습니다.

③ 아래쪽 가장자리를 1cm 접습니다.

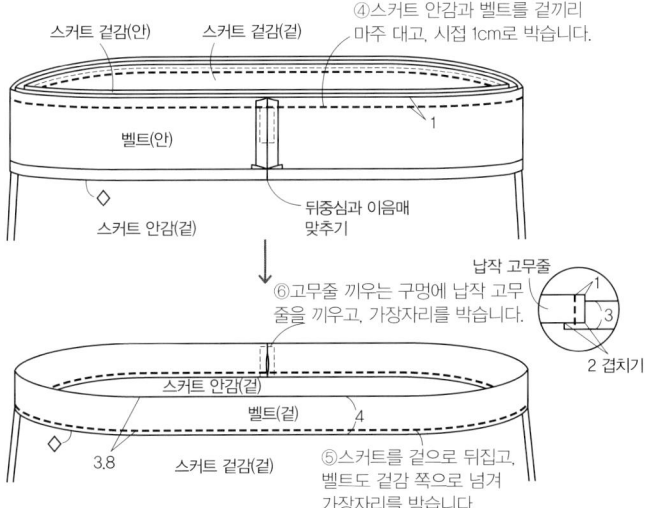

④ 스커트 안감과 벨트를 겉끼리 마주 대고, 시접 1cm로 박습니다.

뒤중심과 이음매 맞추기

⑤ 스커트를 겉으로 뒤집고, 벨트도 겉감 쪽으로 넘겨 가장자리를 박습니다.

⑥ 고무줄 끼우는 구멍에 납작 고무줄을 끼우고, 가장자리를 박습니다.

납작 고무줄
2 겹치기

투톤 풀오버 Photo P8
투톤 원피스 Photo P11

재료 • 왼쪽부터 S/M/L/XL

〈투톤 풀오버〉
- 코튼 브로드 원단
  … 폭 117cm×110/110/120/130cm
- 폭 12.7mm의 바이어스 테이프 … 70cm

〈투톤 원피스〉
- 린넨 원단
  … 폭 107cm×110/110/110/120cm
- 폴리에스테르 레이온 원단
  … 폭 112cm×110/110/110/120cm
- 폭 12.7mm의 바이어스 테이프 … 70cm

실물 크기 패턴
B면 [10] [11] 〈1, 2〉
1-앞, 뒤 몸판 2-덧댐천

마름질 방법
- 단위는 cm
- 위에서부터 S/M/L/XL

※ 앞, 뒤 몸판은 같은 패턴지를 씁니다.
※ 덧댐천은 마름질 방법의 모양을 참고해 패턴지를 만듭니다.

만드는 방법 P40

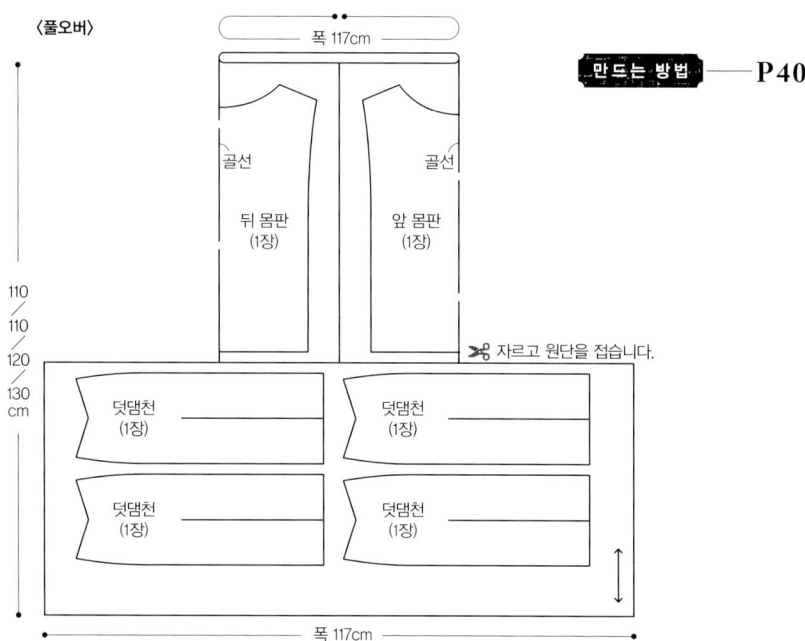

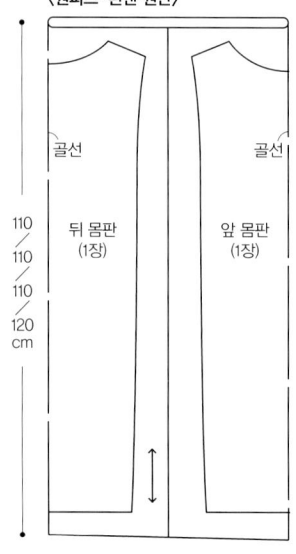

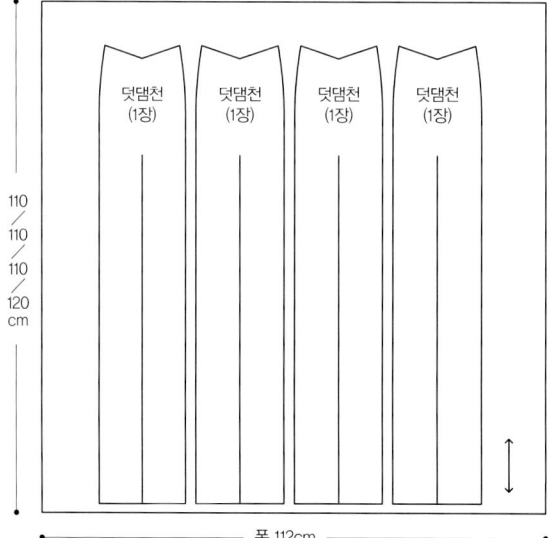

주름 팬츠 Photo P8

재료 • 왼쪽부터 S/M/L/XL

- 린넨 레이온 샴브레이 원단 … 폭 152cm×190/190/200/200cm
- 폭 3cm의 납작 고무줄 … 67/70/73/76cm
- 얇은 접착심지 … 1.5cm×16.5cm 2장

실물 크기 패턴

C면 [13] 〈1~3〉
1-바지 앞판 2-바지 뒤판
3- 주머니 안감

마름질 방법 • 단위는 cm • 위 또는 왼쪽부터 S/M/L/XL

※덧댐천은 원단에 직접 선을 그려 자릅니다.

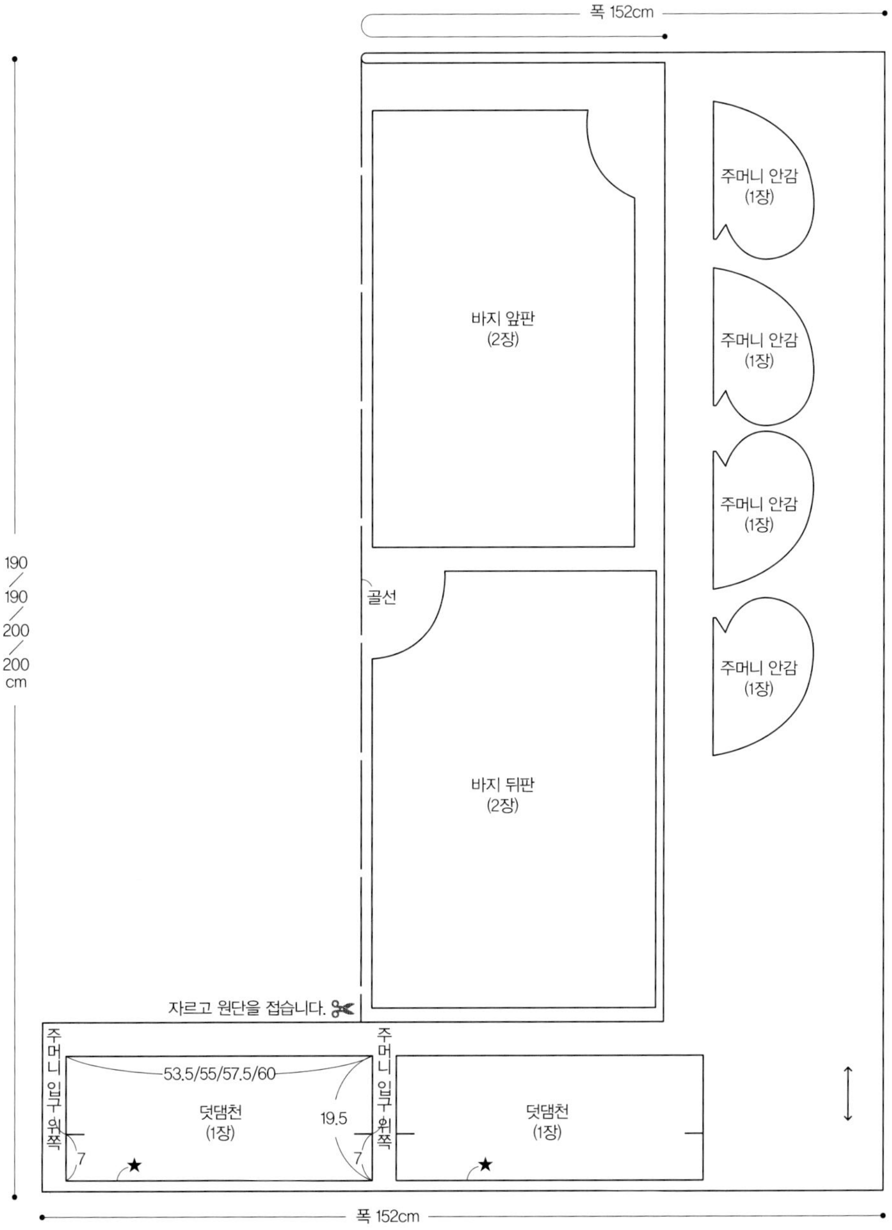

만드는 방법 — P37

손쉽고 빠르게 만드는

나를 위한
여성복 만들기

1판 1쇄 발행 2018년 2월 28일
1판 2쇄 발행 2018년 12월 12일

저　　자 | 나카노 유카리
역　　자 | 이연심
발 행 인 | 김길수
발 행 처 | (주)영진닷컴
주　　소 | (우)08505 서울시 금천구 가산디지털2로 123
　　　　　월드메르디앙벤처센터2차 10층 1016호
등　　록 | 2007. 4. 27. 제16-4189

©2018. (주)영진닷컴
ISBN | 978-89-314-5688-2

이 책에 실린 내용의 무단 전재 및 무단 복제를 금합니다.

도서문의처 | http://www.youngjin.com